TÉCNICACOMPLETA DEGUITARRAMODERNA

Total precisão na guitarra

JOSEPH**ALEXANDER**

FUNDAMENTAL**CHANGES**

Técnica Completa de Guitarra Moderna

Total precisão na guitarra

Publicado por **www.fundamental-changes.com**

ISBN: 978-1910403426

Copyright © 2019 Joseph Alexander

Traduzido por Marcos Gutemberg Chaves

O direito moral deste autor foi declarado.

www.fundamental-changes.com

FB: **FundamentalChangesInGuitar**

http://www.fundamental-changes.com

Índice

Introdução

É uma ideia comum entre vários guitarristas que uma técnica instrumental excelente é algo que leva anos para se dominar. Eles acreditam que a técnica deve ser colocada antes de tudo, e que ela deve ocupar a maior parte do seu tempo de treinamento.

Pela minha experiência: esse não é o caso. Na verdade, uma perseguição excessivamente entusiasmada e obstinada pela técnica "perfeita" pode ser contra produtivo, desnecessário, e pode até prejudicar a sua saúde.

Há uma questão muito simples que você deve se perguntar em relação à técnica. É uma questão óbvia, mas ignorada pela maioria dos guitarristas que eu ensino. Da primeira vez que o meu professor de guitarra, lá no Guitar Institute, em Londres, me fez essa pergunta, eu fiquei chocado, já que esse meu professor tinha a melhor técnica que eu já tinha visto.

Agora, quinze anos depois, quando eu faço essa mesma pergunta aos meus próprios alunos, eles têm exatamente a mesma reação. A pergunta é:

"De quanta técnica você precisa?"

Pense sobre essa pergunta. O que ela significa para você?

Todos nós pegamos a guitarra por razões diferentes. Eu vi um vídeo do Hendrix, em Monterey, quando tinha quatro anos de idade. Isso foi seguido pelo Queen no Live Aid de 1985, e aí eu fiquei viciado. Agora eu tenho mais de quarenta alunos particulares de guitarra, e na primeira aula eu pergunto a cada um deles por que eles querem tocar guitarra. Eu acho muito importante manter esse objetivo original em mente quando nós estamos sendo puxados para dentro de uma espiral infinita de treinamentos de técnica.

Muitos alunos dizem que querem tocar música para seus amigos, alguns querem compor suas próprias músicas, alguns querem tocar blues, country, rock progressivo ou metal "screamo".

Alguns caras são mais honestos, e dizem que querem impressionar as garotas!

Não importa qual seja o objetivo (se você não tem um, arranje), você certamente deve considerar que a maioria dos estilos musicais não surgiu como resultado de excelência técnica. (Obviamente, temos algumas exceções notáveis).

Se você quer tocar blues, por exemplo, você precisa de uma técnica firme. Você não precisa passar 8 horas por dia treinando *só* técnica; você precisa tocar algum blues. Se você quer tocar Dream Theater, você claramente precisa passar mais tempo trabalhando na técnica, *mas* você não pode praticar *apenas* técnica; você também precisa aprender algumas músicas do Dream Theater.

Ao tentar tocar as músicas é que você descobre quais exercícios de técnica você precisa praticar! Basta descobrir em qual parte da música você ficou travado e trabalhar na parte que você não conseguiu executar. Não caia no erro de acreditar que você precisa estar com tudo em cima antes de tentar a música.

Um dos maiores guitarristas do planeta disse: "Eu nunca pratiquei técnica, apenas toquei músicas e tentei descobrir o que eu não conseguia fazer, e por que eu não conseguia fazer."

Espero que isso sirva para você refletir.

Afora isso (e porque eu certamente não estou sugerindo que você não compre este livro!), ainda há o equívoco de que desenvolver uma boa técnica leva anos de prática dedicada e concentrada.

É aí que este livro entra.

Eu tenho ensinado guitarra em tempo integral há dezoito anos, e tive sorte de estudar com alguns dos melhores guitarristas da Inglaterra. Durante minha carreira eu reduzi a lista de exercícios que passo para os meus estudantes, para apenas aqueles que trazem grandes benefícios, e de forma extremamente rápida.

Como você provavelmente pode ver, eu não sou um "depósito de exercícios", mas eu vejo os mesmos problemas fundamentais de técnica surgirem de tempos em tempos. De fato, a maioria dos meus alunos tem usado a maioria dos exercícios deste livro para resolver a maioria de seus desafios técnicos na guitarra.

Esses são os exercícios que realmente funcionam. Eles abordarão os problemas que você está tendo neste exato momento, e que provavelmente são os motivos pelo qual você está lendo este livro. Se um exercício parecer que não está te desafiando ou ensinando algo, por favor, pule-o. Nunca existe motivo para praticar algo que você já consegue fazer.

Este livro é dividido em quatro seções,

Palhetada & Independência dos Dedos (essas duas ideias são difíceis de separar),

Ritmo,

Legato,

Técnicas Expressivas

Em alguns momentos, você verá exercícios similares em diferentes seções do livro, embora eles tenham um foco diferente. Por exemplo, há alguns exercícios de independência de dedos que são ótimos estudos de legato, por conta das combinações de dedos utilizadas. Não se grile com isso; não há porque reinventar a roda toda vez que trabalharmos em uma nova área da técnica. Na verdade, quando você tiver estudado exercícios similares de uma nova perspectiva, você geralmente encontrará uma nova fraqueza para ser trabalhada.

Para 90% de vocês, ritmo e palhetada devem, certamente, ser a primeira prioridade.

Eu valorizo completamente se você tiver outra prioridade, então se sinta livre para mergulhar na parte que você quiser.

Entretanto, lembre-se disto: O seu ritmo não é tão bom quanto você pensa que é. A menos que você seja o Mike Stern, você vai se beneficiar de dar uma olhada na seção de ritmo primeiro. Cerca de 60% da minha prática hoje em dia é de ritmo. Isso pode significar alguma coisa.

Eu iria ainda mais longe e dizer que a questão da técnica, na minha visão, é sobre *ritmo* e *liberdade de expressão*. A maioria dos guitarristas com quem eu já falei concorda inteiramente, ainda que muitos coloquem a "*liberdade de expressão*" em primeiro lugar.

Velocidade:

Ter uma boa técnica não significa tocar rápido, e tocar rápido não significa ter uma boa técnica. Entretanto, há alguns tempos que são "padrões da indústria" e que você deve ter em mente como objetivos.

Palhetada:

Semicolcheias devem sair limpas em 120 bpm. Alguns diriam 140 bpm, e se você curtir um metal shred, você provavelmente vai querer atingir 160 bpm.

Quiálteras de semicolcheias devem sair em pelo menos 100 bpm.

Legato:

O céu é o limite, contanto que *cada* nota esteja definida e dentro do tempo.

Cada exemplo deste livro é demonstrado em um arquivo de áudio. Você pode baixar os exemplos de áudio em **www.fundamental-changes.com/audio-downloads**

Não se esqueça de que, normalmente, é muito mais eficiente ser capaz de executar qualquer exercício de forma *extremamente* devagar e precisa, do que tocá-lo na velocidade da luz.

Dor:

Se você sentir **qualquer** dor, pare *imediatamente* e procure um especialista. Se a sua postura estiver boa e a sua técnica for boa, você nunca deve sentir qualquer dor. A razão mais comum para isso é que você está tentando tocar muito rápido muito cedo, mas você deve parar e procurar um especialista.

Finalmente, lembre-se do que objetivo original de musicalidade. Tenha em mente que **"VOCÊ É O QUE VOCÊ PRATICA"**. Se você fizer apenas exercícios de técnica, então isso é tudo que você tocará. Aprenda música.

Joseph Alexander

Todos os exemplos de áudio estão disponíveis gratuitamente em **www.fundamental-changes.com/audio-downloads**

Obtenha os áudios

Os arquivos de áudio para este livro estão disponíveis para download *gratuito* em **www.fundamental-changes. com**; o link está no canto superior direito. Basta selecionar o título do livro no menu suspenso e seguir as instruções para obter os áudios.

Nós recomendamos que você baixe e extraia os arquivos diretamente para o seu computador (e não para o tablet) antes de adicioná-los à sua biblioteca de mídia. Assim você pode colocá-los no seu tablet, iPod, ou gravá-los em CD. Na página de download há um arquivo de ajuda em PDF, e *nós também fornecemos suporte técnico através do formulário na página de download.*

Nós passamos um bom tempo aperfeiçoando esses áudios, e você terá grandes benefícios ao ouvir esses exemplos conforme for caminhando pelo livro. Eles são gratuitos, então o que você está esperando?!

Vá para **www.fundamental-changes.com** e pegue os arquivos de áudio agora.

Você também pode abocanhar 350 lições gratuitas de guitarra.

Se você estiver lendo esse livro em um eReader, dê um toque duplo em cada imagem para ampliá-la. Manter o seu eReader em modo paisagem e desabilitar a visualização por colunas também pode ajudar.

Palhetada e Independência de Dedos

Apesar de, claramente, não serem a mesma coisa, é difícil passar exercícios eficazes de independência que não envolvam alguma coisa de controle da palheta.

É uma situação complicada de "galinha ou ovo", mas nós precisamos começar de algum lugar. Uma vez que muitos problemas aparentes de "palhetada" são causados por alguma fraqueza escondida na mão do braço da guitarra, nós iremos começar com a independência dos dedos dessa mão.

Os problemas mais comuns que eu vejo em relação à independência dos dedos envolvem falta de destreza entre os dedos 2 (do meio) e 3 (o anelar), e uma fraqueza no dedo 4 (mindinho).

Falta de destreza entre os dedos 2 e 3:

Cada dedo na sua mão tem o seu próprio tendão, exceto pelos dedos 2 e 3, que compartilham um único. Devido a essa idiossincrasia do corpo humano, nossos dedos 2 e 3 não gostam de trabalhar sozinhos. Repouse a sua mão que segura o braço da guitarra suavemente sobre uma mesa e tente repetidamente levantar apenas o dedo 3, e depois apenas o dedo 2. Compare esse movimento tentando levantar os dedos 1 e 2. Você verá que grande parte de construir a independência dos dedos é aprendendo a controlar esses dedos desobedientes.

Fraqueza no dedo mindinho:

Geralmente, no método moderno de tocar, você usa o dedo 3 o máximo possível, especialmente naqueles bends de pentatônica. Apesar de eu ser a favor, isso pode levar a uma fraqueza no dedo mindinho por ele não receber exercícios suficientes. Muitas das vezes, força e precisão no mindinho podem ser um fator limitante na construção de velocidade e fluência.

Os exercícios a seguir miram, especificamente, nas duas áreas de preocupação anteriores.

Exercícios para Independência de Dedos

Permutações

Esse exercício me foi passado por Shaun Baxter, um incrível guitarrista e educador. Ele me ensinou isso quando eu estudei no Guitar Institute, em Londres. Essencialmente, a ideia é focar nas fraquezas entre quaisquer combinações possíveis de dedos no braço da guitarra. A chave para construir força e controle, pelo menos nos exemplos 1a e 1b, é *manter o seu dedo indicador para baixo do começo ao fim.*

Exemplo 1a:

Antes de você tocar isso, estude as notas entre parênteses. As notas nas casas 6 e 7 vão para trás e para frente por 3 cordas, enquanto as notas nas casas 5 e 8 se mantêm constantes na 4ª corda.

Abaixe o seu dedo indicador e toque o exemplo, repetindo-o quatro vezes. Isso é difícil no começo e fará suas mãos se cansarem rapidamente, então não o toque por intervalos de mais de trinta segundos.

Em todas as hipóteses, esses exemplos devem ser tocados com um dedo por casa. Você não deve usar o mesmo dedo duas vezes. Use o seu dedo indicador na 5ª casa, o dedo do meio na 6ª casa, etc.

Lembre-se, você pode baixar o áudio de todos esses exemplos em **www.fundamental-changes.com**.

Depois de tocar o exemplo por trinta segundos, faça uma pausa de 15 segundos e estude o exemplo 1b:

Exemplo 1b:

Como você pode ver, é a mesma ideia. Entretanto, as notas nos parênteses estão invertidas. Toque toda a ideia, como você fez no exemplo 1a. Continue tocando por 30 segundos.

Em seguida, troque as duas primeiras notas de lugar:

Exemplo 1c:

Por fim, *mantenha* as duas notas trocadas e troque as duas segundas notas:

Exemplo 1d:

Agora nós cobrimos cada permutação de dedo nessa sequência.

Pratique as quatro sequências acima lentamente. Coloque o seu metrônomo em 40 bpm e toque duas notas para cada clique. Esse exemplo não é sobre velocidade, e praticá-lo rapidamente irá torná-lo menos benéfico.

A próxima sequência de notas a praticar é esta:

Exemplo 2a:

É a mesma ideia, mas as notas repetidas agora estão no meio. Aqui estão as outras três permutações do exemplo acima:

Exemplo 2b:

Exemplo 2c:

Exemplo 2d:

Há outros dois conjuntos de possibilidades para trabalharmos: Primeiro, o **exemplo 3a**:

Exemplo 3b:

Exemplo 3c:

Exemplo 3d:

Por fim, o **exemplo 4a**.

Exemplo 4b:

Exemplo 4c:

Exemplo 4d:

Para *todos* os exercícios acima, adote a seguinte abordagem:

1) Toque por 30 segundos, faça uma pausa de 15 segundos, e então siga para o próximo exemplo.

2) Objetive tocar cada exemplo em uma sessão de treinamento. Tocar todos os exemplos dessa forma não deve levar mais do que dez minutos no começo da sua sessão de treinamento.

3) Se você acha que já consegue tocar um exemplo confortavelmente, toque-o mais devagar ou não se importe em praticá-lo. Não há motivo em praticar algo que você já consegue tocar.

4) Quando você conseguir palhetar cada nota em cada exemplo, tente usar *hammer-ons* e *pull-offs*.

5) Tocar isso em um legato lento e controlado é um ótimo exercício de controle.

6) Se os exemplos ficarem muito fáceis, tente tocá-los em um swing lento, acentuando cada segunda nota, como demonstrado abaixo:

Exemplo 5a:

Assim como em qualquer tipo de exercício, se você sentir qualquer tipo de dor, pare imediatamente.

A chave para o sucesso é controlar a mão do braço da guitarra em um tempo bem lento.

Força no dedo mindinho

A ideia a seguir foi passada para mim como um exercício de aquecimento quando eu tinha cerca de 13 anos de idade. Eu nunca fui de me apegar a materiais antigos, mas esse treinamento para os dedos 3 e 4 é de ouro. Sempre que eu fico um tempo sem tocar guitarra, esse é um dos primeiros exemplos que eu toco ao retornar.

Exemplo 6a:

O exercício funciona fazendo você utilizar a combinação dos dedos 3 e 4 em uma tensão cada vez maior, conforme você se move pelo braço da guitarra.

Comece tocando o exemplo 6a lentamente, tomando o cuidado de usar os dedos corretos em cada casa, conforme eles estão marcados no exemplo. Assim que você tiver colocado o dedo indicador na 5ª casa, **mantenha-o** ali até você precisar mudar de corda.

Conforme você se move em direção às cordas graves, os tendões do seu pulso ficam gradualmente mais esticados. Normalmente, isso faz com que o exemplo fique cada vez mais difícil. Comece tocando as semicolcheias a 40 bpm e certifique-se de que você pode tocar uniformemente por todas as cordas antes de aumentar a velocidade. Eu miraria em um andamento máximo de 100 bpm. Mais rápido do que isso está bom, mas você deve ser capaz de tocar em um andamento constante durante todo o exemplo.

Quando você der conta de tocar em 40 bpm, de forma uniforme, por todas as cordas, aumente o metrônomo em incrementos de 8 bpm.

O exercício a seguir combina a força do dedo mindinho com a independência dos dedos 2 e 3:

Exemplo 6b:

O exemplo 6b é similar ao exemplo 6a, mas agora você vai segurar o seu dedo 2 em cada corda enquanto trabalha com os dedos 3 e 4. Isso é muito mais desafiante e benéfico, mas, mais uma vez, é extremamente importante começar devagar e manter todos os movimentos controlados.

Comece praticando esse exemplo sem um metrônomo, antes de aprender a controlar os seus dedos a 40 bpm.

Lembre-se, você pode baixar o áudio de todos esses exemplos em **www.fundamental-changes.com**.

Palhetada

Os exemplos nesta seção são algumas das ideias mais úteis que eu já vi, e muitas das ideias dos capítulos seguintes são derivadas desse sistema bastante útil e eficiente.

Palhetada Alternada x Palhetada Econômica

Esse é um debate no qual eu não pretendo ingressar profundamente, mas eu devo dizer que sou da turma da palhetada econômica.

Se a diferença não estiver clara para você, uma explicação simples seria que a palhetada alternada vai para cima/baixo/cima/baixo constantemente, e muitas vezes depende do movimento da palheta para executar o ritmo com precisão. Na palhetada econômica, você pega a direção mais eficiente entre dois pontos, mas pode ter mais trabalho para tocar o ritmo com precisão.

Essa é uma descrição extremamente simplista, então antes de começar a escrever más resenhas e me enviar e-mails raivosos, eu estou completamente ciente de que essa não é a história toda! Os exercícios neste capítulo são feitos para ensinar a palhetada econômica porque eu percebi menos lesões e um tempo melhor (geralmente) em guitarristas que usam a palhetada econômica ao invés da alternada.

Se você quiser fazer os exemplos a seguir com a palhetada alternada, vá em frente. Ainda será um ótimo negócio.

Uma Descrição da Palhetada Econômica

O princípio central por trás da palhetada econômica é que você deve atravessar as cordas com a palheta o **mínimo** possível.

Toque a palheta para baixo na 5ª corda, aberta. A próxima nota que você tocará será a 4ª corda, aberta. Em termos de eficiência, faz mais sentido tocar a 4ª corda palhetando para baixo ou para cima?

A resposta é que você sempre deve dar outra palhetada para baixo na 4ª corda, porque se você palhetar para cima, precisará atravessar a 4ª corda sem palhetá-la, para que você palhetar para cima.

Por que não tocá-la diretamente para baixo e evitar o movimento extra?

Um jeito simples de supor seria:

"Toda vez que você troca de corda para longe do corpo (para baixo, em direção ao chão), sempre dê uma palhetada para baixo."

Claro, o oposto também é verdadeiro:

"Toda vez que você troca de corda em direção ao corpo (para cima, em direção ao teto), sempre dê uma palhetada para cima."

Se nós fôssemos tocar uma série de notas na *mesma* corda, nós sempre alternaríamos a direção da palhetada.

Essas são as únicas três regras da palhetada econômica. Elas cobrem qualquer possibilidade que possa ocorrer com a sua mão da palhetada.

Se você seguir essas regras enquanto prossegue pelo resto deste capítulo, começará a perceber a sua mão da palheta fazendo movimentos cada vez menores. Haverá um aumento na sua precisão, velocidade e fluência na guitarra, e uma chance muito reduzida de sofrer lesões como tendinite ou síndrome do túnel do carpo.

Na minha opinião, o mais fascinante da palhetada econômica é que, assim que você tiver a dominado, nunca mais precisará se preocupar com a sua palhetada novamente. Você nunca perderá o seu tempo de treinamento se questionando como executar um ritmo em particular.

Posição da Mão da Palheta

É difícil explicar em palavras, mas a forma da sua mão da palheta é crucial. A parte inferior da palma da sua mão (a parte carnuda que está alinhada ao dedo indicador) **sempre** deve estar em um leve contato com as cordas graves, quando você palhetar as cordas de cima. Isso não apenas permite que você localize facilmente as cordas com a sua palheta, mas também diminui os ruídos indesejados das cordas, quando você toca com distorção. Se você não conseguir alcançar as cordas de cima nessa posição, **mova o seu punho para baixo na guitarra.**

Não apoie a sua mão da palheta firmemente nas cordas da guitarra. Se você quer tocar notas não-mudas nas cordas graves, suba o seu punho de forma que a parte inferior da palma da sua mão descanse suavemente no corpo da guitarra.

Se você pretende subir uma escala por todas as 6 cordas, você deve ser capaz de mover a sua palheta em uma linha reta pelas cordas, conforme você desce com o seu punho. Se você ancorar o seu punho nas cordas graves, você vai "desenhar" um arco com a palheta. Isso deve ser evitado a qualquer custo.

Esconda os dedos que você não estiver usando (dedos 2, 3 e 4) embaixo da palma da sua mão.

A palheta deve ser segurada **ao lado** do dedo indicador (não na ponta), com o polegar apoiando suavemente no topo. Você deve ter uma saliência de cerca de 2mm ou 1/8" do seu polegar.

Eficiência na Palhetada

Estude o **exemplo 7a**:

Antes de se preocupar sobre como palhetar corretamente esse exemplo, certifique-se de que você consegue pressionar as notas usando a regra "1 dedo por casa". Use o seu dedo 1 em qualquer nota na 5ª casa, o seu dedo 2 na 6ª casa, e assim em diante.

Agora, vamos nos ater para a direção da palhetada. Isso pode ser completamente novo para você, então vá bem devagar. Não toque uma nota sequer até que você esteja *certo* de que vai usar a direção correta para palhetar.

O ponto em que você mais provavelmente terá um desafio é entre o **tempo 2-e** e o **tempo 3**, porque aqui há duas palhetadas consecutivas para cima. Isso ocorre (como eu espero que você já esteja ciente) porque você está trocando da corda 2 para a corda 3, e nós estamos evitando atravessar desnecessariamente a 3ª corda.

Quando você tiver conseguido tocar esse exemplo corretamente, ajuste seu metrônomo para 60 bpm e toque o exemplo como está escrito acima. Certifique-se de estar se concentrando na direção da palhetada, e não nas notas da sua mão do braço da guitarra. Não se preocupe se você tocar uma nota errada nesse momento, contanto que a sua palhetada esteja correta.

Se você estiver completamente certo de que a sua palhetada está correta, aumente gradualmente a velocidade do seu metrônomo, em incrementos de 8 bpm, até chegar a 100 bpm.

Pare em 100 bpm, porque nós iremos discutir mais adiante como aumentar a velocidade corretamente.

Agora, imagine que a sequência de notas que você esteve tocando é um ciclo, sem começo ou fim. Nós podemos começar tocando em qualquer ponto do ciclo, e ao fazer isso nós podemos não apenas focar na nossa palhetada, mas também em qualquer fraqueza em relação ao tempo da mão do braço da guitarra. Isso vai ficar mais claro quando você tocar o **exemplo 7b**:

Primeiro, observe que a primeira palhetada para baixo está nos parênteses. Você só palheta para baixo na primeira vez durante o ciclo. Em qualquer repetição, ela será precedida por uma nota na 1ª corda (a do tempo quatro-e), então você precisa trocar de corda, palhetando para cima.

Ocasionalmente nós nos deparamos com essas pequenas idiossincrasias, mas elas não afetam a nossa abordagem à palhetada de forma alguma. Esteja *consciente* de que a sua palhetada está mudando, mas tudo em que você precisa se concentrar é no ritmo.

Como mencionado na página anterior, ao começar esse ciclo de notas em diferentes pontos, nós podemos visualizar quaisquer fraquezas em nossa técnica de palhetada, e tornar o nosso treinamento muito mais eficiente.

Toque o exemplo 7b com o metrônomo em 60 bpm. Primeiro, concentre em se certificar de que a palhetada está correta antes de gradualmente aumentar o tempo em 8 bpm, sempre que se sentir confortável. Não há porque ficar preso em um tempo se você já consegue tocá-lo. Não desperdice o seu tempo de treinamento!

Essa primeira "rotação" do exemplo irá chamar a sua atenção para quaisquer fraquezas que você tiver ao trocar do 1º dedo na 1ª corda para o 4º dedo na 2ª corda. É uma área comum para guitarristas terem dificuldades. Então, conforme você gradualmente acelera o seu metrônomo, tome cuidado com as notas dos tempos quatro, "quatro-e" e um. O restante desse exemplo, combinado com a seção "Como Acelerar" deste livro, será um ótimo negócio para ajudar com qualquer fraqueza na sua técnica.

Para continuar esse importante exemplo, nós iremos iniciá-lo a partir de cada ponto do ciclo. Ocasionalmente, a direção da sua palhetada irá se alterar levemente depois do primeiro loop, mas mantenha-se focado em sempre usar a direção correta, como marcado no exemplo.

Continuações das rotações da palhetada

Exemplo 7c:

Exemplo 7d:

Exemplo 7e:

Exemplo 7f:

Exemplo 7g:

Exemplo 7h:

Primeiro, toque cada exemplo extremamente devagar, uma vez que leva tempo até desenvolver novas habilidades motoras. Tocar *certo* é muito mais importante do que tocar rápido.

Quando você gradativamente começar a acelerar, toque cada rotação pelo menos 16 vezes antes de ir para a próxima.

Assim que tiver desenvolvido um bom controle direcional da sua mão da palheta, e estiver desenvolvendo velocidade e fluência, vale a pena tentar as séries de exemplos anteriores como um conjunto de testes de ritmo.

Certos pontos do ciclo têm uma tendência para serem apressados; as três notas na 2ª corda, por exemplo, se esbarrarão. Outras áreas te enganarão, como a já mencionada troca entre a corda 1 e 2. Esteja consciente de espaçar cada nota **uniformemente** ao longo do click do metrônomo. Um ótimo jeito de se concentrar nisso é ajustar o seu metrônomo para 40 bpm e tocar em semicolcheias (quatro notas iguais por clique).

Grave-se praticando, seja em vídeo ou apenas em áudio, e ouça regularmente as suas execuções. Você brevemente verá se está acelerando ou ficando para trás no tempo. Essa ideia é abordada com mais profundidade no capítulo sobre *timing do legato*.

Como Acelerar

Uma vez eu peguei um aluno que estava tentando desenvolver sua velocidade aumentando o metrônomo em uma batida por minuto a cada dia, e tocando tudo que sabia até que "cem dias depois", ele enfim teria "dominado a guitarra".

É, certamente, uma teoria interessante. Entretanto, em minha experiência, esse não é o jeito mais rápido ou permanente de desenvolver velocidade e controle.

A velocidade é engraçada, já que se trata, simplesmente, de desenvolver um conjunto de habilidades motoras, e qualquer um, com exceção de limitações físicas, pode desenvolver uma velocidade fenomenal na guitarra. Sempre haverá os vídeos do YouTube de incríveis guitarristas de 12 anos pegando fogo através de escalas, apenas para nos humilhar e nos forçar a praticar um pouco mais.

Entretanto, se você olhar um pouco mais a fundo, verá que, na verdade, o ritmo do "fritador" pode ser um pouco frouxo.[1]

O problema é que, conforme o metrônomo fica mais rápido, a distância entre as notas individuais é reduzida, o que torna mais difícil saber se aquelas tercinas de semicolcheias em chamas estão perfeitamente precisas. É possível dizer, mas geralmente a música inteira (ou exemplo) fica um pouco fora ou além da batida.

A resposta está, simplesmente, no controle da mão do braço da guitarra, e a maior parte desse trabalho será feita mais à frente neste livro, no capítulo sobre *timing do legato*. Entretanto, nós certamente devemos dar uma olhada no importante conceito da velocidade enquanto estudamos palhetada.

A boa notícia é que você não precisa praticar *tudo* que sabe como um exemplo de velocidade.

Existem certas combinações de dedos e padrões de guitarra rock que surgem de tempos em tempos, então esses são os melhores lugares para começar. Às vezes, quando você está aprendendo uma nova parte de uma música, você pode se deparar com um desafio único que requer mais trabalho, mas é uma perda de tempo planejar isso com antecedência. Trabalhe nisso quando você encontrá-lo.

---

[1] Isso é, por suposto, uma generalização, e nem sempre é verdade. Muitos "fritadores" têm um tempo excelente.

Pegando um exemplo anterior, vamos nos concentrar novamente no **exemplo 7a:**

Exemplo 7a:

Você deve ser capaz de tocar esse exercício de forma limpa e com o padrão correto de palhetada antes de tentá-lo.

Coloque o metrônomo em 60 bpm e grave-se tocando o exemplo quatro vezes.

Ouça ou assista à sua gravação. Se as notas estiverem igualmente espaçadas pela batida, aumente o metrônomo em 8 bpm. É importante que você seja honesto consigo.

Se você chegar a 100 bpm, reduza a velocidade do metrônomo para 50 bpm e **dobre** a velocidade das notas, de forma que você passe a tocar semicolcheias:

Exemplo 7a tocado com semicolcheias:

Repita os passos um e dois até você achar um ponto no qual ou você esteja com dificuldades para tocar, ou no qual o seu ritmo comece a quebrar.

Reduza a velocidade do metrônomo em 20% *e isole a parte específica do exemplo que você não consegue tocar.* Essa parte pode ser um par de notas durante uma troca de corda, ou pode ser a velocidade na qual você consegue palhetar alternadamente as notas na 2ª corda. Seja lá qual for, isole e pratique apenas essa parte.

Aumente a velocidade do metrônomo para **40 bpm** e continue a tocar *apenas a parte do exemplo que você está tendo dificuldades*. Isso deve ser quase impossível, mas tente fazê-lo algumas vezes. **Não se preocupe com um timing perfeito, apenas tente acertar os cliques do metrônomo.**

Agora tente completar o ciclo completo de notas do exemplo em uma velocidade maior. Isso vai ser bem difícil, mas tente fazê-lo algumas vezes, mesmo que você não vá conseguir. Não se preocupe com um timing perfeito, apenas tente acertar a primeira nota na batida.

Por fim, coloque o metrônomo 5 bpm **abaixo** de onde você *inicialmente travou* e continue com o exemplo, aumentando a velocidade em 8 bpm de cada vez[2]

Usar esse método preciso aumenta a velocidade e técnica de uma forma extremamente rápida.

A parte mais importante do processo, em termos de aumentar a velocidade, é quando você aumenta a velocidade do metrônomo a um ponto em que você jamais espera completar o exemplo. Trabalhar aqui, mesmo que seja por trinta segundos, faz o seu subconsciente ver de forma muito mais fácil o exemplo em uma velocidade menor.

Você não precisa se gravar *toda* vez que aumentar a velocidade em 8 bpm, mas é uma boa ideia ficar de olho no seu ritmo, gravando-se regularmente.

Claro, você precisa praticar isso com cada rotação do exemplo. Rotações diferentes terão desafios e dificuldades técnicas distintas. Porém, quando você for para as outras rotações, não comece com colcheias. Comece com semicolcheias em 50 bpm para economizar tempo. Obviamente, diminua a velocidade se for muito rápido para começar, mas lembre-se de que você só deve praticar o que você *não consegue fazer*.

Por fim, aborde isso como um **exemplo de ritmo.** Quando você está tocando semicolcheias, toda quinta nota deve estar no tempo. Se você estiver contando, você deve dizer em voz alta:

1e&a 2e&a 3e&a 4e&a

Certifique-se de que os seus uns, dois, três e quatros caiam *diretamente* na batida.

Além disso, outro conceito muito importante é bater o seu pé. Pode parecer simples, mas ao transformar a batida em um movimento físico do seu corpo, ao invés de uma onda sonora saltando pelo ar, você automaticamente conseguirá tocar no tempo. Se você não consegue bater o pé precisamente com esse exemplo, diminua para o tempo apropriado e pratique até que você consiga.

Outros Padrões

Os exemplos anteriores devem ser alterados para incluir possibilidades distintas de combinações de dedos. Primeiro, aplique as ideias anteriores ao 8a-8h para treinar os seus dedos 3 e 4. (Uso o seu dedo anelar na corda B, na 7ª casa).

---

[2] Se você estiver tocando o exercício em semicolcheias, você pode querer aumentar a velocidade em apenas 4 ou 5 bpm.

Exemplo 8a:

1st   4th   3rd   1st   3rd

Exemplo 8b:

Exemplo 8c:

Exemplo 8d:

Exemplo 8e:

Exemplo 8f:

Exemplo 8g:

Exemplo 8h:

Outra combinação de dedos essencial e bastante comum é a que é mostrada nos exemplos 9a-9h. Use os dedos 4, 2 e 1 para tocar as notas na 2ª corda. Continue a usar o 3º dedo na 3ª corda.

Exemplo 9a:

Exemplo 9b:

Exemplo 9c:

Exemplo 9d:

Exemplo 9e:

Exemplo 9f:

Exemplo 9g:

Exemplo 9h:

Pulando Cordas

Quando você faz a palhetada econômica pulando uma corda (literalmente, errando uma corda), as mesmas regras se aplicam.

Estude o exemplo a seguir:

Exemplo 10:

Etc...

Essa é uma ideia baseada em um exercício do John Petrucci (Dream Theater), na qual você sobe pelo braço da guitarra como uma "aranha". Quando você sobe nas quatro primeiras notas de cada compasso, use o dedilhado, 1, 2, 3 e 4. Inverta o padrão nas últimas quatro notas. Esse exemplo se difere do exercício clássico do Petrucci, porque, aqui, tudo é feito com a palhetada econômica.

Apenas os quatro primeiros compassos são mostrados, mas continue o exemplo subindo pelo braço da guitarra, até você chegar à 12ª casa. Quando você chegar, desça de volta pelo braço até a primeira casa, como mostrado no **exemplo 10b:**

Etc...

Ao longo do exemplo, a sua palhetada deve parecer como se estivesse fazendo um dedilhado lento e quebrado pelas cordas. Você só muda de direção nas cordas 1 e 6.

Exemplos Úteis de Escalas

As ideias de escalas a seguir são incluídas meio que como um "dicionário" de abordagens melódicas modernas. Elas são tecnicamente exigentes para ambas as mãos e, certamente, grandes exemplos, mas ao estudá-las da maneira previamente descrita, elas também treinarão seus ouvidos para ouvirem intervalos, tríades e arpejos. Elas são uma grande ajuda para se afastar da tendência de "cuspir escalas" quando estiver solando.

Lembre-se, você é o que você pratica. Se você pratica apenas subir e descer escalas, isso é tudo que você tocará quando chegar a hora de ser criativo. Criatividade no treinamento leva à criatividade na execução.

Aqui seria fácil dar a você um exercício padrão de "velocidade", com uma escala maior e três notas por corda. Eu tenho deliberadamente evitado fazer isso. Ao usar um desenho de escala com uma combinação de duas e três notas por corda, você vai desenvolver a sua técnica muito mais rapidamente. Será levemente mais difícil a curto prazo, mas te dará uma técnica melhor e mais completa.

Um ponto importante a ser considerado é que se há alguma coisa *realmente* difícil tecnicamente, você deve se questionar se há qualquer benefício em praticá-la. Normalmente, há dois ou três lugares na guitarra que você pode trocar os dedos exatamente sobre as mesmas notas com muito mais facilidade. Por que não fazer simplesmente isso? Ademais, se você passar horas trabalhando em alguma coisa que é completamente não-natural à sua execução, você vai acabar "trancado" em tocar essa ideia quando você solar. Você não será capaz de tocar mais nada!

Com isso em mente, considere como você está investindo o seu tempo. Com apenas algumas horas disponíveis por dia para praticar, é essencial ser seletivo sobre nossos estudos técnicos.

Todos os exemplos a seguir são baseados sobre o desenho seguinte da escala de Lá Maior:

Exemplo 11:

Certifique-se de que você pode tocar isso perfeitamente. Comece com o metrônomo na velocidade mais rápida na qual você consegue tocar confortavelmente o desenho, subindo e descendo, e aumente o metrônomo em incrementos de 8 bpm até você conseguir tocar tranquilamente em semicolcheias a 120 bpm.

Um intervalo é a distância entre duas notas. Por exemplo, C — D é uma segunda. C — E é uma terça. Agora nós estudaremos a escala de Lá Major em terças, subindo e descendo.

Exemplo 12a:

O seu foco para esse exemplo deve ser semicolcheias a 100 bpm, embora não haja necessidade de parar nesse número.

Aqui está Lá Maior em quartas. Mais uma vez, almeje os100 bpm.

Exemplo 12b:

Lá Maior em sextas:[3]

Exemplo 12c:

Esta e as próximas páginas mostram desenhos úteis de escalas que são frequentemente usados para construir frases técnicas e melódicas. Todos devem ser tocados a 120 bpm.

Exemplo 13a:

Exemplo 13b:

---

[3] Quintas não são usadas com frequência.

Exemplo 13c:

Exemplo 13d:

Existem muitos outros padrões possíveis, então tente inventar os seus próprios.

A próxima série de exemplos realmente começa a quebrar a escala. São as *tríades*. Você pode pensar nelas como "terças empilhadas".

Exemplo 14a:

Exemplo 14b:

Exemplo 14c:

Exemplo 14d:

Por fim, aqui estão algumas ideias baseadas em arpejos de quatro notas, formados a partir de cada escala. Eles são muito mais exigentes tecnicamente, então vá devagar e sempre use a palhetada correta.

Exemplo 15a:

Exemplo 15b:

Exemplo 15c:

Mais uma vez, existem várias permutações possíveis quando se trata de padrões de arpejo como esses. Tente inventar os seus próprios.

Tercinas de Semicolcheias

Uma parte importante de tocar uma guitarra rock moderna gira ao redor de linhas agressivas de tercinas de semicolcheias. Pessoalmente, eu me sinto mais confortável em tocá-las em um legato. Entretanto, as tercinas de semicolcheias "metralhadas" de Paul Gilbert e Nuno Bettencourt são um recurso importante para se ter à disposição.

Novamente, o principal obstáculo para tocar essas tercinas bem é o ritmo. Palhetar é, certamente, uma abordagem ritmicamente mais fácil, mas pode limitar sua velocidade. O legato é muito mais fácil para velocidade, mas tocar uma tercina corretamente é muito mais difícil.

Para nos certificarmos de que teremos controle dos dedos durante o exercício, nós iremos tomar a abordagem de rotações que aprendemos no exemplo 3. Estude o seguinte:

Exemplo 16a:

Palhete esse exercício lentamente. Use os dedos 4, 2 e 1. Coloque o metrônomo em 70 bpm e toque 3 notas por batida (metade da velocidade escrita no exemplo acima). Tente acentuar cada nota que ocorra na 12ª casa.

Quando você conseguir completar o exemplo 16a com precisão, tente tocar em loop duas vezes antes de parar. Aumente para três repetições, e então faça um loop como no **exemplo 16b:**

Comece a aumentar a velocidade do exemplo 16b, aumentando o metrônomo para 35 bpm e tocando o exemplo conforme a notação das tercinas de semicolcheia, ou seja, 6 notas por clique. Quando se sentir confortável, aumente o metrônomo em incrementos de 4 bpm.

Rapidamente, muitas pessoas acham que sua técnica ou ritmo começa a quebrar. Quando isso acontecer com você, volte para o exemplo 16a e toque o loop, pausando conforme você volta para a batida. Em outras palavras, toque todas as seis notas do ciclo, então pare quando chegar à primeira nota novamente. Não se preocupe, por ora, em espaçar as notas uniformemente, apenas tente encaixar todas as seis notas e parar na primeira novamente.

O macete que nós usamos agora é adicionar um obstáculo. Nesse caso, é um pulo de corda:

Exemplo 16c:

Você pode manter o mesmo tempo, ou aumentá-lo levemente em 8 bpm e tentar fazer o loop. Esqueça o ritmo; apenas tente completar o ciclo e terminar na primeira nota novamente. Sua palhetada deve permanecer a mesma.

Então, tente dois loops antes de parar.

Por mim, reduza a velocidade do seu metrônomo para o tempo onde você originalmente ficou travado e tente isto:

Exemplo 16d:

Não se preocupe muito com o espaçamento uniforme das notas, apenas se concentre em voltar para a primeira nota no clique.

Isso sairá fraco e fora do tempo. Entretanto, quando você volta a tocar o loop original na velocidade onde estava inicialmente travado, muitos alunos acham que ele fica muito mais fácil. Essa é a hora de se concentrar em ritmo e precisão.

Você deve explorar cada rotação deste exemplo procurando por pontos fracos:

Exemplo 16e:

Exemplo 16f:

Exemplo 16g:

Exemplo 16h:

Exemplo 16i:

O alvo para exercícios como esses é de 100 bpm em todas as rotações. Se você ficar travado, aplique o método do obstáculo para ajudar a aumentar sua velocidade.

Os outros padrões nos quais você deve estar competente em todas as rotações são:

Exemplo 17a:

Exemplo 17b:

Exemplo 17c:

Exemplo 17d:

Pratique-os do mesmo jeito de antes. Sempre use o truque do obstáculo quando travar em uma "parede". Lembre-se, se você sentir qualquer dor, faça uma pausa e procure um médico. A razão mais provável é que você está tentando tocar muito rápido, muito cedo. Sempre faça aquecimento!

Ritmo

"A Nota Correta Tocada no Tempo Errado Ainda É Uma Nota Errada."

Este capítulo trabalha no seu sentido fundamental de tempo. O seu relógio interno é, provavelmente, o fator mais importante no quão bem você toca o seu instrumento. A boa notícia é que os exemplos desta seção trazem os benefícios mais imediatos e duradouros para a sua técnica.

Um dos problemas rítmicos inerentes da guitarra é que é muito fácil tocar rapidamente e embolar notas. Você sequer precisa respirar para tocar uma nota. Então, se você quer tocar um monte de notas rapidamente, o legato é uma técnica relativamente simples. Notas rápidas se "esmagando" dentro do tempo é algo que nós examinaremos detalhadamente depois. Entretanto, antes de chegarmos lá, iremos trabalhar no seu sentido de onde a batida realmente *está*!

Imagine um campo de futebol americano; as linhas brancas estão ali para nos ajudar a dividir o espaço e julgar o número de jardas que foram ganhas antes que o pequeno homem de armadura vá ao chão. As linhas brancas no campo, para nós músicos, são como os Hi-Hats, Caixas, Bumbos e Tons em um groove de bateria. Se nós fôssemos remover todas as linhas brancas do campo, teríamos de trabalhar bastante em nossa percepção de distância para julgar exatamente onde o homem caiu. Isso é exatamente o que nós iremos fazer com a nossa bateria: remover todas as batidas em excesso até que tenhamos apenas os tempos dois e quatro (as caixas) tocando no nosso metrônomo.

Metrônomo no Dois e Quatro

Esse exemplo pode ser *realmente* desafiante no começo, mas continue nele!

Coloque seu metrônomo em 35 bpm[4].

Diga em voz alta "dois", e então "quatro", em cada clique sucessivo. Esse é um *contratempo* básico em uma caixa de bateria. Quando estiver confortável com isso, preencha igualmente os espaços, dizendo "um" e "três" nessas lacunas. Isso é um pouco complicado, mas você terá algo parecido com isto:

Seja claro e confiante quando você contar em voz alta. A confiança aqui realmente te ajudará a internalizar a batida.

---

[4] Alguns metrônomos não vão tão devagar. Se o seu não alcançar esse andamento, é bem fácil baixar um metrônomo gratuito para o seu smartphone ou computador.

Grupos de Notas Regulares

Enquanto você conta em voz alta os cliques nos tempos dois e quatro, faça uma batida abafada em uma nota, ou uma batida completa enquanto abafa todas as cordas. Isso é mostrado no **exemplo 18a:**

Ouça com *muita* atenção, e observe se estiver à frente ou atrás da batida: Permaneça nesse exemplo até você ficar relaxado em tocar no tempo um, dois, três e quatro, conforme o metrônomo bate no dois e quatro.

A próxima etapa é subdividir as semínimas em colcheias. Certifique-se de manter um fluxo constante de **baixo cima baixo cima...** com a direção da sua palhetada, uma vez que isso vai te ajudar a ficar no tempo.

Você pode ouvir isso no **exemplo 18b:**

Mais uma vez, ouça o clique do metrônomo sincronizando com cada terceira palhetada para **baixo.**

Dobrando mais uma vez, nós podemos começar a tocar semicolcheias. Isso é mostrado no **exemplo 18c.** Porém, não se limite a apenas ouvir o clique no dois e no quatro; tente ouvir se as semicolcheias estão espalhadas igualmente pela batida.

Exemplo 18c:

Esses exemplos podem não ficar muito bons rapidamente. Eles são difíceis, mas também são fundamentais para desenvolver um bom tempo. Você deve fazê-los por tanto tempo quanto necessário para internalizá-los.

Tercinas

Os próximos exemplos envolvendo tercinas são muito mais difíceis, mas isso vai ficar normal nos próximos importantes exemplos que surgirão.

Antes de tocar, ouça o exemplo de áudio para o **exemplo 18d.** Ouça como as tercinas são articuladas com a palheta. Há uma acentuação clara na primeira nota de cada conjunto de tercinas.

Você deve palhetar desta forma:

BAIXO cima baixo Cima baixo cima.

Isso é palhetada alternada estrita, fraseada com três notas.

Exemplo 18d:

Como eu já mencionei, esse exemplo é mais difícil, mas forma a base de muitos dos exemplos subsequentes. Você vai precisar de paciência para tocá-lo corretamente, mas você deve começar a perceber uma melhora imediata, além de consciência rítmica, em toda a sua execução, muito rapidamente.

Trocando Entre Grupos de Notas Regulares

Assim que os exemplos anteriores começarem a tomar forma, você deve prosseguir, trocando entre diferentes grupos rítmicos. É aqui que começam os verdadeiros desafios.

Estude o **exemplo 18e.**

Para desenvolver mais controle rítmico, nós estaremos trocando entre semínimas e colcheias. Como sempre, certifique-se de estar firme no clique do metrônomo.

Exemplo 18e:

Conforme você desenvolver mais precisão, tente reduzir a velocidade do metrônomo para 30 bpm. Uma diminuição de 1 bpm no seu metrônomo tem o efeito de reduzir 2 bpm no tempo.

O exemplo 18f é a mesma ideia, mas agora nós estaremos indo de colcheias para semicolcheias:

Exemplo 18f:

Trocando de Notas Regulares para Irregulares

Eu acho que o exercício a seguir é *um dos exemplos mais importantes de todo o livro.*

No exemplo 18g você vai aprender como ir de colcheias para tercinas de colcheias, enquanto o metrônomo clica 'dois' e 'quatro' bem devagar.

Exemplo 18g:

Ouça com bastante cuidado o exemplo de áudio antes de começar. O motivo para esse exemplo ser tão útil é porque ele realça uma tendência natural de *acelerar as tercinas* e *ficar ligeiramente para trás ao voltar para as semicolcheias regulares*.

Toque o exemplo 18g; se ajudar, bata o pé nos tempos um, dois, três e quatro. Enquanto você pega o jeito do ritmo, tente contar '1 & 2 & 3 & 4 & ¦ 1 & a 2 & a 3 & a 4 & a'. Continue no exemplo até você perceber que está pegando o jeito.

Quando você achar que está chegando lá, tente se gravar tocando contra o metrônomo. Esse é um grande benefício, e uma facilidade que nós temos sorte de ter nos dias atuais. Seja analítico e extremamente crítico. Você provavelmente vai perceber que quando você vai para as tercinas, você está tocando um pouco mais rápido; e, ao voltar para as semicolcheias, você está um pouco atrasado.

Trabalhar para atingir esse nível de precisão rítmica tem um efeito massivo no seu senso interior de tempo. Nós estamos dividindo um espaço de tempo bem grande em nossas cabeças (os cliques lentos no dois e quatro), ao mesmo tempo em que temos que controlar uma troca física e mental entre trocar grupamentos de notas regulares e irregulares. Isso é como esteroides para os "músculos" rítmicos do seu cérebro.

Se você não tem um professor de guitarra, experimente praticar isso com um amigo. Se não conseguir, grave-se tocando quantas vezes você puder. Lembre-se, seja honesto quanto à sua precisão! O trabalho duro aqui trará grandes benefícios no futuro.

Outra mudança comum que vale a pena trabalharmos é trocar das tercinas para semicolcheias regulares. Você encontrará muitos dos mesmos problemas no exemplo 18g, mas se você fez a lição de casa no exemplo 18f, então achará esse mais fácil.

Exemplo 18h:

Lembre-se de *diminuir* o tempo quando os exemplos começarem a ficar fáceis.

No exemplo 18i nós nos concentramos em nos deslocarmos entre semicolcheias regulares e tercinas de semicolcheias. Isso pode ser desafiador por causa da velocidade. Não se esqueça de que 35 bpm no seu metrônomo criam um tempo de 70. Encontre uma velocidade que seja um bom meio termo entre técnica e controle rítmico.

Exemplo 18i:

Combinações Rítmicas Ampliadas

Como teste final do seu controle rítmico, trabalhe os exemplos 18j e 18k:

Exemplo 18j:

Exemplo 18k:

Ritmo Melódico

Apesar de ser ótimo praticar esses tempos sobre uma única nota para desenvolver um tempo sólido, nós obviamente precisamos ser capazes de aplicar esses ritmos em um contexto melódico. Você já sabe que combinações diferentes de dedos no braço da guitarra possuem fraquezas distintas, então é fundamental que nós saibamos que podemos controlar o ritmo ao tocar "normalmente". Para praticar colcheias, usaremos a Escala Maior de Lá.

Exemplo 19a:

Essa abordagem funciona bem com todos os ritmos que nós vimos. Com o metrônomo em 30 bpm, e clicando nos tempos dois e quatro, tente tocar as ideias dos exemplos 18a até 18f. Além disso, use quaisquer dos exemplos do capítulo de "Palhetada" deste livro. Os exemplos de escalas funcionam particularmente bem.

Para praticar a troca de colcheias regulares e tercinas, tente o **exemplo 19b:**

Praticar dessa forma contextualiza os ritmos que você vem estudando em formas melódicas reais e úteis, ajudando, assim, a internalizar a informação.

Riff – Solo – Riff

Uma das melhores formas de praticar um encaixe preciso de tempo é tocar um riff simples, em um contratempo de dois e quatro no metrônomo, e alternar entre tocar um compasso de um riff e um compasso de improviso.

Muitas pessoas *pensam* que podem tocar um pouco de blues. As ideias a seguir realmente te ajudarão a ver o quão firme o seu tempo está. Quando esse exemplo foi passado para mim pela primeira vez, eu fiquei chocado com quanto trabalho eu ainda precisava fazer. Eu trabalho com ideias semelhantes todos os dias nos meus ensaios, e ainda as acho bastante benéficas.

O segredo é começar com um solo *extremamente* simples.

Eu escrevi uma ideia de blues *bem* simples no exemplo 20a. Ela se baseia em um riff de blues, uma repetição de tercina, que, primeiro, você deve se certificar de que pode tocar no tempo. Antes de tentar o solo de tercinas, o seu ritmo deve estar perfeito. Toda vez que você usar o seu dedo 3 para tocar a 4ª casa, o metrônomo deve estar *perfeitamente* sincronizado.

Exemplo 20a:

(Notation is an example only. Not the recorded version)

(Notation is an example only. Not the recorded version)

Conforme você começar a acertar o tempo, tente adicionar algumas linhas improvisadas de blues em cada segundo compasso. Algumas ideias em pentatônica menor são mostradas no exemplo anterior. Não é necessário aprender essas linhas, e elas não são tocadas como estão escritas no respectivo arquivo de áudio; apenas improvise em tercinas por alguns tempos e se concentre em voltar ao riff de blues precisamente no tempo.

Sempre é interessante ver como a maioria das pessoas acha isso difícil. De repente eu vejo alunos que *estavam* zunindo pelo braço da guitarra começar a ter dificuldades para encaixar até mesmo os mais simplórios licks de blues em pentatônica menor. Não fique frustrado se isso acontecer com você; veja como uma oportunidade para consolidar a sua técnica e se reconstruir a partir de fundações rítmicas mais fortes. Não leva *tanto* tempo para retornar ao nível que você estava antes, mas quando você chegar lá, tudo o que você tocar estará muito mais eficiente e no tempo.

Aqui vai uma variação do exemplo 20a, mas dessa vez o riff é um groove simples de rock. Isso te ajudará a praticar as colcheias, as semicolcheias e as tercinas de semicolcheias.

Exemplo 20b:

Já que isso é um pouco mais intrincado, confira o arquivo de áudio para ouvir o ritmo, caso você precise.

Quando você estiver mais familiarizado, tente dobrar a quantidade de riff e solo que você está tocando, como no **exemplo 20c:**

Nuno Bettencourt, do *Extreme*, é um mestre nesse tipo de ideia riff/fill.

Um jeito bem útil de testar o seu controle rítmico é tocar um loop contínuo de escala contra um metrônomo clicando nos tempos um, dois, três e quatro - e programando-o para ficar mudo nos demais compassos. Ncm todos os metrônomos fazem isso, mas se você tiver acesso a um sequenciador como Pro Tools, Sibelius, Cubase ou Garage Band, essas coisas são bem fáceis de serem programadas. Comece com o tempo em 60 bpm e tente subir e descer a seguinte ideia de escala. **Exemplo 20d:**

A ideia é ter certeza de que a sua execução está em perfeita sincronia com o clique, quando ele retornar após o compasso mudo. Se você estiver se sentindo poderoso, você pode tentar o mesmo exemplo com o metrônomo clicando apenas nos tempos dois e quatro antes de cada compasso mudo.

Tente a ideia acima com tercinas, semicolcheias e tercinas de semicolcheias ou qualquer outra combinação rítmica que você puder imaginar.

Combinações Rítmicas de Semicolcheias

Os ritmos neste capítulo são um vocabulário essencial para todos os guitarristas. Eles formam a fundação de milhares de riffs de rock, pop e funk, e você deve ser capaz de executá-los perfeitamente. Eles são realmente essenciais para o desenvolvimento da sua técnica. Para aprendê-los, estude os exemplos a seguir. Particularmente, preste bastante atenção nos padrões de palhetada.

Exemplo 21a:

Obviamente, esse exemplo é um caso simples de palhetada alternada contínua; entretanto, eu chamo a sua atenção para isso porque essa é a base dos três exercícios a seguir. Nós estudaremos o que acontece quando você começa a variar o seu ritmo *"errando"* algumas das notas em cada grupo de quatro notas. Estude o seguinte:

Exemplo 21b:

No exemplo 21b, eu juntei as primeiras duas notas de cada quatro no primeiro compasso. Musicalmente, isso significa tocar a primeira nota, e segurá-la pela duração da segunda.

Em outras palavras, toque a primeira nota, segure-a pela duração da segunda, e a sua próxima palhetada será a terceira nota.

Ao juntar duas semicolcheias dessa forma, elas ficam com a mesma duração de uma colcheia.

O segundo compasso no exemplo mostra *exatamente* o mesmo ritmo do primeiro; está apenas escrito de um jeito mais fácil de entender.

Agora, observe as direções de palhetada junto à linha inferior. Como nós removemos a segunda nota do ritmo, nós simplesmente removemos a segunda palhetada (para cima) da sequência.

Executar o ritmo dessa forma nos dá um método extremamente consistente para controlarmos nosso timing. Ouça o exemplo de áudio correspondente para ouvir isso sendo tocado.

De um jeito semelhante ao do exemplo anterior, o exemplo 21c junta a segunda e a terceira nota de cada grupo de quatro notas:

Exemplo 21c:

Novamente, o ritmo no segundo compasso é idêntico ao do primeiro.

Toque-o ignorando a terceira palhetada (para baixo) em cada grupo de quatro notas. Toque junto com o exemplo de áudio até que você internalize isso.

A última combinação é mostrada no **exemplo 21d:**

Dessa vez, estaremos "errando" a última palhetada a cada quatro. Você estará palhetando **'Baixo cima baixo. Baixo cima baixo'.** Etc.

Agora, vamos tentar combinar algumas das possibilidades rítmicas para cada tempo.

Exemplo 22a:

Eu incluí uma semínima no tempo quatro para dar à sua mão da palhetada um pouco de descanso entre cada repetição.

Para tocar o ritmo anterior, divida cada tempo em seu próprio padrão individual de palhetada:

Baixo. Baixo Cima

Baixo cima. Baixo

Baixo cima. Cima

Baixo

Diga os ritmos acima em voz alta e em tempo com o clique a 60 bpm para internalizar cada um antes de tocar. Além disso, escuta os exemplos de áudio para ajudá-lo.

Tente o mesmo ritmo com alguns power acordes abafados. Metallica instantâneo!

Exemplo 22b:

Aqui vão mais alguns ritmos para você ir treinando. Todos eles funcionam muito bem com padrões rítmicos de funk, rock ou fusion.

Exemplo 22c:

Exemplo 22d:

Exemplo 22e:

Assim como no exemplo 22b, tente tirar riffs ou solos de cada linha. Você pode, por exemplo, tentar tirar escalas, tríades ou arpejos com os ritmos desta seção. Aqui vai um exemplo usando o ritmo do exemplo 22a, com uma simples escala de *Lá Maior* ascendente:

Exemplo 22f:

Esse é um ótimo exemplo porque se você usar a palhetada *econômica* na linha, você quebra a regra "baixo cima baixo cima" deste capítulo ao trocar de corda. Tocando o exemplo com palhetada econômica, você trabalha o seu relógio interno e não *depende* na palhetada para executar a linha corretamente.

Legato

Legato significa "de uma maneira suave e natural". Musicalmente, significa mesclar uma nota na próxima sem uma lacuna discernível, ou ataque entre notas consecutivas.

Geralmente, o legato na guitarra é feito de três jeitos diferentes;

Hammer-ons com a mão esquerda

Pull-offs com a mão esquerda

Tapping com a mão direita

Essa seção examina *hammer-ons*, *pull-offs* e os desafios rítmicos únicos que eles nos apresentam, devido à fisiologia natural de nossas mãos.

O legato é uma técnica essencial na guitarra porque, além de reduzir o "clique" percussivo da palheta nas cordas, ele também nos permite tocar com extrema velocidade ao eliminar um dos principais obstáculos da velocidade: palhetar. O desafio, porém, é tocar os grupos de notas *precisamente.* Precisão rítmica é muito mais difícil ao tocar o legato por duas razões principais:

Não podemos mais depender da palheta para "contar o tempo" para nós.

Notas seguidas na mesma corda podem se "atropelar" umas nas outras, enquanto a palhetada em troca de cordas pode te atrasar.

A razão pela qual notas na mesma corda podem se atropelar umas nas outras se deve, principalmente, pela fisiologia de nossas mãos. Se você batucar os seus dedos no tampo de uma mesa, não há uma tendência natural para que eles, por exemplo, se encaixem perfeitamente em semínimas ou colcheias. É esse "descontrole" dos seus dedos que nós devemos controlar quando começamos a trabalhar em um estilo sólido de legato.

Exemplos Básicos

Vamos começar examinando o hammer-on.

Notação:

➤ = Palhetada

⌒ = Ligadura (hammer-on ou pull-off)

Exemplo 23a:

Comece com o seu dedo indicador tocando a 5ª casa da corda B. Palhete-a com força e então "martele" o seu dedo 2 na 6ª casa. Certifique-se de que o dedo 1 continue pressionado. Agora martele o seu dedo 4 na 8ª casa, enquanto mantém o dedo 2 pressionado na 6ª casa.

Ouça o exemplo de áudio para ouvir o quão claro isso deve soar. Ao praticar as ideias deste capítulo, não use a distorção do seu amplificador. Ela pode ajudar a comprimir o som e esconder quaisquer erros ou fraquezas.

Você pode inverter essa ideia para praticar pull-offs:

Exemplo 23b:

Dessa vez, comece com *todos os três* dedos na corda B. Palhete a primeira nota e "role" os seus dedos para trás, tirando-os das cordas, para fazer cada nota soar sucessivamente. Ênfase no *volume* e na *força*. Por ora, não se preocupe se você acidentalmente fizer a corda adjacente soar com o seu pull-off. Ele ficará mais limpo conforme você desenvolver mais controle.

Vamos combinar os dois exemplos anteriores:

Exemplo 23c:

Novamente, palhete apenas a primeira nota e se concentre no volume e na força. Certifique-se de que os seus dedos estão dobrados e que você está tocando nas pontas dos dedos. Qualquer ruído vindo da 1ª corda adjacente deve ser abafado com a ponta do seu 1º dedo enquanto você pressiona a 5ª casa.

Quando você puder tocar o exemplo anterior 8 vezes, tente fazer um loop, da seguinte forma:

Exemplo 23d:

Palheta a primeira nota apenas uma vez, ou quantas vezes você conseguir tocar. Tente manter o ímpeto com a força da sua mão esquerda.

Leve esse exemplo para outras cordas e outras posições. O espaço entre as casas diminui conforme você sobe pelo braço da guitarra, então você pode perceber a posição da sua mão se alterando. Ademais, tente o mesmo exemplo tocado com tercinas de semicolcheias:

O exemplo 23e é ótimo para desenvolver o controle da mão do braço da guitarra.

Exemplo 23e:

Por ora, o seu objetivo deve ser tocar o exemplo 23e a 60 bpm. Se você puder ir mais rápido, ótimo, mas ouça as lacunas *entre* as notas para se certificar de que elas não estão aceleradas ou atrasadas em relação ao tempo.

Tente diminuir a velocidade do exemplo para 35 bpm. Você realmente precisará controlar os seus dedos para manter as notas uniformes.

Legato com Todos os Quatro Dedos

O próximo exemplo desenvolve o controle de todos os quatro dedos da mão do braço da guitarra. Como de costume, você palhetará apenas a primeira nota de cada grupo.

Exemplo 24a:

Tente o exemplo anterior a 50 bpm. Certifique-se de cada hammer-on fique acentuado no tempo.

Mais uma vez, leve o exemplo para diferentes cordas e casas. Tente o exemplo sobre as casas 1-4 e você observará uma grande diferença no nível de dificuldade.

Agora retorne e tente alguns dos exemplos de permutação das páginas 9-13. É claro que, dessa vez, você deve palhetar apenas a primeira nota em cada corda. Aqui vai um exemplo:

Exemplo 24b:

A maioria dos exercícios da seção de palhetada deste livro pode ser reescrita como treinamentos de legato, então seja criativo nos seus treinos.

Um dos exemplos mais benéficos de força para os dedos que podemos revisitar é o que está na página 14. Aqui ele está escrito como um exercício de legato.

Exemplo 24c:

Observe que você palheta apenas a primeira nota em cada corda. Tenha como objetivo tocá-lo a 80 bpm.

Como sempre, se você sentir qualquer dor ou desconforto, pare imediatamente e procure um médico.

Acelerando a Mão do Braço

O macete para desenvolver velocidade no legato é fazê-lo em pequenos "arranques". Ao invés de ir "com tudo" para tocar o mais rápido possível por quanto tempo for possível, acelere a sua execução em pequenas partes. Tente esse exemplo com o tempo em 100 bpm.

Exemplo 25a:

Para manter o seu ritmo uniforme, concentre-se em acertar cada nota na 7ª casa com o clique do metrônomo.

Continue acelerando esse exemplo em incrementos de 8 bpm. Acelere da seguinte forma:

1) Coloque o metrônomo em 100 bpm (nesse caso) e se grave tocando o exemplo quatro vezes.

2) Ouça ou assista à sua gravação. Se as notas estiverem igualmente espaçadas pela batida, aumente o metrônomo em 8 bpm. É importante que você seja honesto consigo.

3) Se você chegar a 140 bpm, diminua a velocidade do metrônomo para 70 e **dobre** a velocidade das suas notas, de forma que você esteja tocando semicolcheias:

4) Repita os passos um e dois até você encontrar um ponto no qual ou você esteja com dificuldades para tocar o exemplo, ou o ritmo comece a quebrar.

5) Reduza a velocidade do metrônomo para 20% e *isole a parte específica do exemplo que você não consegue tocar*. Qualquer que seja, isole-a e pratique apenas essa parte.

6) Aumente a velocidade do metrônomo em **40 bpm** e continue a tocar *apenas a parte do exemplo que você tem dificuldade*. Isso deve ser quase impossível, mas tente fazê-lo algumas vezes. **Não se preocupe com um timing perfeito, apenas tente acertar os cliques do metrônomo.**

7) Agora tente completar o ciclo completo de notas do exemplo acima em uma velocidade maior. Isso será quase impossível, mas tente algumas vezes, mesmo que você não consiga.

8) Por fim, coloque o metrônomo em **5 bpm** abaixo de onde você inicialmente ficou travado e tente continuar o exemplo, aumentando o bpm em 8 vezes de cada vez.

O método acima deve resolver a maioria das "paredes" técnicas que você encontrar.

Velocidade ao Trocar de Cordas

Os exemplos deste capítulo desenvolvem velocidade e coordenação para trocas de cordas em legatos.

Ao longo dos exemplos, palhete apenas a primeira nota em cada nova corda. Ademais, omita a primeira palhetada em cada repetição subsequente do exemplo, já que você já palhetou a primeira nota naquela corda no final do segundo compasso.

Repita cada exemplo quantas vezes seja possível com o seu metrônomo em 80 bpm.

Exemplo 25b:

Exemplo 25c:

Exemplo 25d:

Rotações de Legato

Neste capítulo, nós revisitaremos os exercícios de palhetada dos exemplos 7a—7h. Dessa vez, porém, nós os utilizaremos como exercícios de legato, para nos certificarmos de que nossos dedos conseguem controlar as divisões rítmicas perfeitamente, a partir de qualquer ponto na rotação. Para começar, vamos dar uma olhada no que o exemplo 7a *era:*

Exemplo 26a:

Como você pode ver, a maioria das palhetadas foi removida. Nós ainda estamos obedecendo às "regras" da palhetada econômica, mas nós palhetamos apenas quando trocamos de corda.

Como mencionado anteriormente, a tendência do legato é *aglomerar* notas tocadas consecutivamente na mesma corda, e ficar ligeiramente atrasado ao trocar de corda. Por exemplo, no exemplo acima, eu espero que meus alunos acelerem o "8, 6, 5" e "5, 6, 8" e se atrasem na troca de corda.

Esse não é sempre o caso, mas parece se aplicar a 90% dos meus alunos.

Coloque seu metrônomo em 50 bpm e toque com precisão o exemplo acima. Apenas palhete na hora de trocar as cordas, e *ouça cuidadosamente como as suas notas se sincronizam com o metrônomo.* Tocar lentamente esse exemplo no início realmente acentua a sua consciência de ritmo em relação ao pulso.

Ouvir é a parte mais importante desse exercício. Ouça o exemplo de áudio e observe como eu sincronizo com o clique do metrônomo.

Para corrigir a tendência natural e fisiológica de acelerar os hammer-ons e pull-offs, é extremamente importante olhar para esse exemplo como uma rotação, e começar de cada nota na sequência como nós fizemos no capítulo de palhetada.

A segunda rotação traz um desafio:

Exemplo 26b:

Essa é a mesma sequência de notas do exemplo 26a. Entretanto, dessa vez nós estamos começando da segunda nota da sequência.

O seu 4º dedo toca a primeira nota no tempo 1, (8). Quando você tocá-la novamente, na repetição, ela será precedida por uma nota, (5), que está uma corda acima. Essa mudança da batida "quatro-e" para a batida um é uma das fraquezas mais comuns que eu vejo nos alunos. Aprender a controlar a troca de cordas, de uma corda alta para uma corda mais baixa, acertando o tempo com o seu dedo 4, é uma lição *essencial* para pegar o tempo do legato.

Um dos principais fatores que tornam esse exemplo difícil é que você tem duas palhetadas juntas, "ensanduichadas" por uma seção de legato.

Toque o exemplo começando em 50 bpm e reduza gradualmente a velocidade do metrônomo em 5 bpm a cada vez que você for ficando mais preciso com o tempo. Conforme você diminui a velocidade, você desenvolverá mais e mais controle.

Quando você conseguir tocar o exemplo a 30 bpm, comece a acelerar o metrônomo do jeito normal

Praticamente toda rotação desse exemplo representa um novo desafio técnico. Todas elas se concentram em controlar o seu ritmo enquanto você alterna entre palhetada e legato durante trocas de cordas.

A seguir você tem a série completa de rotações para esse exemplo:

Exemplo 26a:

Exemplo 26b:

Exemplo 26c:

Exemplo 26d:

Exemplo 26e:

Exemplo 26f:

Exemplo 26g:

Exemplo 26h:

Esses exemplos parecem simples. Mas não são! Cada um deles representa um novo e único desafio.

Particularmente, estude,

Exemplo 26b: Dedo mindinho no tempo.

Exemplo 26d: Três palhetadas juntas.

Exemplo 26b: Dedo mindinho no tempo.

Exemplo 26g: Batida um no meio de uma sequência de legato.

Exemplo 26h: Trocas rápidas entre os dedos 1 e 4 em cordas diferentes. Três palhetadas juntas.

Trabalhe lentamente, mas quando estiver confiante no seu ritmo e tempo, aumente o metrônomo em 8 bpm. Se você ficar travado, use os métodos de aceleração detalhados anteriormente neste livro. Quando chegar a 120 bpm, coloque o metrônomo em 60 bpm e continue com semicolcheias:

Exemplo 26a (tocado com semicolcheias):

Pode parecer bobo, mas a ferramenta mais poderosa a seu dispor enquanto você trabalha esses exercícios é o seu pé. **Sempre** bata o seu pé para ajudar a colocar as notas na batida, especialmente quando estiver tocando em velocidades maiores.

Pratique isso com outros loops comuns de escalas, da seção de palhetada deste livro.

Exemplo 27a:

Exemplo 27b:

A mesma abordagem se aplica às rotações com tercinas de semicolcheias que você já estudou. Apenas a primeira rotação de cada exemplo é mostrada:

Exemplo 28a:

Exemplo 28b:

Exemplo 28c:

Exemplo 28d:

Exemplo 28e:

Lembre-se, você sempre pode adicionar obstáculos para ajudá-lo a acelerar, conforme mostrado na página 38.

Legato com Cordas Abertas

Legato com pull-offs para cordas abertas é uma técnica comum e útil. Ela é empregada com grandes efeitos por muitos guitarristas. Um exemplo fantástico é a *Summer Song* de Joe Satriani, por volta de 01:55.

Para trabalhar a nossa técnica, nós iremos dar uma olhada na abertura de uma famosa música de rock. Apesar de o Angus Young tocar isso palhetando todas as notas, trata-se de um grande e divertido treinamento de legato.

Exemplo 29a:

O desafio no exemplo acima está em duas áreas:

Soar acidentalmente a 1ª corda ao fazer o pull-off,

Desenvolver força com a combinação de dedos 1 e 4.

Como estamos tratando isso como um exemplo de legato, eu quero que você palhete apenas a primeira nota da sequência, a corda "B" aberta. Desse ponto, cada nota deve receber um hammer-on do "nada" pela mão esquerda, ou sofrer um "pull-off" de volta para a corda aberta.

Inicialmente, tudo bem se você sacrificar a precisão em prol da força, se você nunca tocou nesse estilo antes. Pode ser que você tenha que dar um hammer-on mais forte do que você acha que precisa. Cada hammer-on deve soar tão alto quanto a palhetada inicial.

Ao fazer o pull-off, dê energia a ele. Você pode acertar a corda "E" aberta, mas, por ora, força e volume são mais importantes.

Trabalhe por alguns em dias em desenvolver velocidade e resistência. Conforme você continuar desenvolvendo força desse jeito, concentre-se em fazer movimentos menores com os dedos da mão do braço, mantendo o volume de cada nota.

Lembre-se que cada nota de legato deve soar tão alta quanto a primeira palhetada.

Se você continuar acertando a corda "E" por acidente, tente girar a sua mão do braço *bem* devagar em torno do braço, de modo que os seus dedos se voltem para você. **A *lateral* do seu dedo indicador deve sempre estar em um leve contato com o fundo do braço da guitarra. Se você estiver fazendo isso corretamente, o seu dedo indicador estará em contato com a corda "E" aguda, mantendo-a abafada.**

Quando estiver pronto, coloque um pouco de distorção e se concentre em manter cada nota limpa.

A próxima parte da introdução vai te testar ao pular pelo braço da guitarra:

Exemplo 29b:

Essa parte da música te dá a oportunidade de trabalhar na força e na precisão dos seus dedos 1 e 2 por grandes intervalos. Aborde-a da mesma forma que você fez com o exemplo 29a.

O exemplo a seguir, utilizando uma *escala blues de Sol menor* é ótimo para combinar palhetadas em cordas abertas com pull-offs para cordas abertas. Tome bastante cuidado com a palhetada. As notas palhetadas criam uma sensação polirrítmica através da articulação de certas notas.

Isso tem um som excelente quando você o acelera.

Exemplo 29c:

Veja se você consegue continuar até a segunda oitava.

Uma extensão do exercício acima pode envolver pull-offs duplos, para um efeito polirrítmico ainda maior, ao melhor estilo Joe Satriani:

Exemplo 29d:

Usando Escalas de Duas e Três Notas por Corda

Antes de olharmos a aplicação dos "clássicos" legatos de três notas por corda, popularizados nos anos 70 e 80, acredito ser importante darmos uma olhada em desenhos de escalas *modais* que usam combinações tanto de 2 quanto de 3 notas por corda. Ao aprender desenhos de legato através de escalas com números diferentes de notas em cada corda, você irá melhorar rapidamente o controle rítmico da mão do braço da guitarra. Lembre-se, algumas combinações de digitação serão mais fortes do que outras, e a tendência será de acelerar os grupos de 3 notas e se atrasar nos grupos de 2 notas, que são tecnicamente mais desafiadores.

Comece memorizando cada desenho como uma entidade separada antes de usar o metrônomo. Comece na velocidade que for mais confortável - normalmente, cerca de 60 bpm se estiver tocando semicolcheias - e não se preocupe muito com digitações específicas de escalas.

Trabalhe em apenas um desenho de escala de cada vez. Por exemplo: na primeira semana, você trabalhará o desenho 1, na segunda semana, o desenho 2, etc.

A primeira etapa é ficar confiante em subir e descer cada desenho com um *bom ritmo*. Palhetando apenas a primeira nota em cada corda, você será capaz de executar esses desenhos em semicolcheias, sem *qualquer* desvio rítmico quando trocar de um grupo de 2 para 3 notas através das cordas. Para adquirir segurança, tente tocar os desenhos como colcheias, a 40 bpm.

As escalas a seguir estão escritas como modos de Sol Maior.

Exemplo 30a: Desenho 1

Exemplo 30b: Desenho 2

Exemplo 30c: Desenho 3

Exemplo 30d: Desenho 4

Exemplo 30e: Desenho 5

Conforme você começar a desenvolver controle por todas as seis cordas, tente aplicar alguns dos exemplos de palhetada da página 31.

Escalas de Três Notas por Corda

Você provavelmente já sabe que as escalas do capítulo anterior podem ser organizadas em sete desenhos de escala com três notas por corda. Geralmente, eles são usados para séries de tercinas de semicolcheias rápidas, embora você deva, definitivamente, aprendê-los como semicolcheias regulares para desenvolver ainda mais controle da sua mão do braço. Aqui estão mais alguns dos desenhos de escala com três notas por corda mais utilizados. *Estes não estão inclusos nos exemplos de áudio:*

Exemplo 31a:

Exemplo 31b:

Exemplo 31c:

```
            8-10 12        8-10 12
       7-9-11        8-10 12
     7-9-10    7-9-11
  7-8-10   7-9-10    7-9-10
         7-8-10
```

Exemplo 31d:

```
             10 12 14        10 12 14
        9-11 12       10 12 13
      9-10 12    9-11 12
  8-10 12   9-10 12    9-10 12
         8-10 12
```

Exemplo 31e:

```
             12 14 15        12 14 15
        11 12 14       12 13 15
      10 12 14    11 12 14
 10 12 14   10 12 14    10 12 14
         10 12 14
```

Exemplo 31f:

```
             14 15 17        14 15 17
        12 14 16       13 15 17
      12 14 16    12 14 16
 12 14 15   12 14 15    12 14 16
         12 14 15
```

Exemplo 31g:

Esses padrões devem ser aprendidos do mesmo jeito que nas seções anteriores. Almeje perfeição rítmica e notas claras e fortes enquanto você explora saltos de intervalos, padrões de escalas, tríades e arpejos. O próximo capítulo discute alguns padrões comuns de três notas por corda, além de licks que você deve experimentar.

Padrões e Fragmentos de Três Notas por Corda

Se você ouvir a maioria dos guitarristas "fritadores" dos anos 80, uma grande proporção de suas notas aceleradas é derivada de padrões de três notas por corda. Algumas das ideias parecem um pouco ultrapassadas agora, mas são uma parte importante do vocabulário de guitarra rock que você deve conhecer. Esses padrões são praticamente infinitos, mas a maioria deles se baseia em digitação e fraseado rítmico consistente e simples. No passado, quando eu transcrevi essas ideias, se eu encontrava algo extremamente difícil de tocar, geralmente era porque eu estava tocando na posição errada na guitarra.

Apesar de a maioria do braço da guitarra estar coberta por padrões *confortáveis* de três notas por corda, alguns padrões podem ser extremamente incômodos de digitar através de cordas ou trocas de posições.

Por ora, meu conselho é que, quando você estiver aplicando alguns dos padrões a seguir, se encontrar uma área do braço da guitarra particularmente difícil de tocar, evite-a e toque em outro lugar!

Aqui vão alguns padrões úteis de legato (ou palhetadas) que você deve saber. Eu escrevi a essência da ideia, mas será mais benéfico você aprender sozinho a aplicar cada ideia em um lugar diferente do braço da guitarra.

Exemplo 32a:

74

Exemplo 32b:

Exemplo 32c:

Exemplo 32d:

Exemplo 32e:

Exemplo 32f:

Exemplo 32g:

Exemplo 32h:

Legato em Cordas Únicas

Subir ou descer pelo braço da guitarra usando padrões de legato em cordas únicas é uma ferramenta essencial que ajuda na continuação melódica da ideia. É uma ferramenta extremamente útil para troca de posições, e ajuda a criar essas linhas modernas que parecem crescer eternamente.

O macete aqui é prestar bastante atenção nos dedos com os quais nós trocamos de posição. Nos exemplos a seguir, preste bastante atenção na digitação anotada. Ademais, uma parte fundamental do exemplo é manter o som soando enquanto você escorrega pelas posições. Mantenha um contato firme entre a ponta do dedo e a corda e deslize com tanta firmeza quanto conseguir.

Exemplo 33a:

Exemplo 33b:

Exemplo 33c:

Exemplo 33d:

Tente os exemplos acima em cada corda para se certificar de que você pode fazê-los sem acertar as cordas adjacentes. Além disso, esses exemplos estão escritos no tom de Sol. Tente tocá-los em quantos outros tons você conseguir.

Técnicas Expressivas

Este capítulo volta à premissa de que *você é o que você pratica*. Se você tocar apenas exemplos e exercícios, sua música sairá fria e clínica. O seu público responde com mais profundidade à emoção e ao sentimento na música, ao invés de exibições cruas de proezas técnicas[5]. Assim, transmitir a paixão e energia que você sente é essencial.

É claro, isso é uma coisa difícil de ensinar; eu não posso simplesmente invadir a sua alma e arrancar os seus sentimentos! O que eu posso te mostrar aqui são as técnicas musicais que geralmente andam de mãos dadas com uma execução mais emotiva.

Lembre-se que os guitarristas mais emotivos (os que vêm à minha mente, pelo menos), não são os que tocam tudo perfeitamente, de um ponto de vista técnico. Eles são aqueles que colocam seu coração e sua alma na música. Eventuais falhas técnicas são mais do que compensadas com o uso de dinâmica e fraseado.

Mais uma vez: *de quanta técnica você precisa?* Você não acha que deveria estar gastando o seu tempo fazendo a sua música se conectar com o seu público?

Vibrato

Na minha opinião, o vibrato é um dos dois efeitos expressivos mais importantes. Ele dá às suas frases uma qualidade vocal e faz a sua música cantar. Existem muitos tipos, mas aqui nós iremos focar em apenas dois, o *axial* e o *radial*.

O vibrato axial é quando você, rápida e repetidamente, puxa a corda ligeiramente em direção a um semitom, *paralelamente* à corda.

O vibrato radial é mais parecido com um bend; o seu pulso se move em uma direção perpendicular à corda, usando um dedo como pivô na parte de baixo do braço da guitarra. Esse é mais difícil, mas traz resultados extremamente recompensadores.

Vibrato Axial

Para criar o vibrato axial, você simplesmente pressiona firmemente a nota digitada e, certificando-se de que o seu pulso está solto, você o move para trás e para frente, paralelamente ao braço da guitarra. Às vezes, o seu polegar irá se soltar rapidamente detrás do braço, para ajudá-lo com a velocidade do movimento do pulso. Esse movimento, combinado com a pressão que você faz com a ponta do seu dedo, empurra repetidamente a corda em direção a um semitom, antes de soltar. Essa é uma técnica fácil para dar vida e dinâmica à sua música, sempre que há uma nota longa e continuada.

É um efeito sutil, e é importante praticá-lo com cada dedo da mão do braço da guitarra. É muito mais difícil produzir um bom vibrato com o 4º dedo do que com o 1º.

Aqui vai um exercício para desenvolver um bom vibrato axial:

---

[5] Não que uma coisa exclua a outra.

Exemplo 34a: Vibrato axial.

Lembre-se de tentar remover o seu polegar de trás do braço da guitarra para permitir que o seu pulso se mova rápida e uniformemente para trás e para frente.

Também pratique trocar de um vibrato lento para rápido, e então de volta para lento, para um efeito ampliado. Isso é demonstrado na parte 2 do exemplo de áudio 34a.

Tente o exercício acima em diferentes áreas do braço e em diferentes cordas. Todos eles soam diferentes e precisam de tipos diferentes de controle.

Insira esse tipo de vibrato em quaisquer frases e licks que você conhecer. Leve em consideração o tempo e groove da música; você pode querer sincronizar o seu vibrato com colcheias, semicolcheias ou fusas.

Vibrato Radial

O vibrato radial é uma técnica mais difícil; ele cria um vibrato *muito* mais amplo, que às vezes pode chegar a um tom de dimensão. Alguns guitarristas vão ainda mais longe, colocando um vibrato de um tom e meio quando tocam hard rock e fusion.

Com o vibrato radial nós devemos alterar consideravelmente a posição da mão do braço da guitarra, de forma que façamos um *bend* na nota desejada, para cima e para baixo, rapidamente. Isso envolve utilizar a parte de *fora* do dedo na corda (de modo que a sua unha aponte diretamente para baixo do braço da guitarra, na sua direção), e, usando o primeiro dedo como uma alavanca ou *pivô* contra a parte debaixo do braço da guitarra, fazer bends rápidos e repetidos.

Se você imaginar o giro de um potenciômetro de guitarra, ou a Rainha da Inglaterra acenando, você pegará a ideia.

O vibrato radial é uma técnica individual que tende a ser única para cada guitarrista, mas eu vou descrever o método pelo qual eu consigo os melhores resultados. Você pode querer alterar os passos a seguir, que se aplicam ao vibrato com o *1º* dedo, conforme você achar necessário. O objetivo final é adquirir a habilidade de executar o vibrato de *tom amplo* com *cada* dedo da mão do braço.

1) Toque e segure a nota desejada. Tente tocar a 7ª casa da 3ª corda com o seu 1º dedo.

2) Role o seu pulso *para longe* de você; ao invés de tocar a nota com a ponta do seu 1º dedo, você estará tocando com a lateral. Empurrar o seu cotovelo para longe também pode ajudar.

3) A unha do seu primeiro dedo deve estar apontando diretamente para baixo da corda, na sua direção.

4) Empurre o seu 1º dedo para cima, para a parte de baixo do braço da guitarra. Ele deve se conectar com o braço da guitarra logo abaixo da junta na primeira das três seções do seu dedo. (A mais próxima da palma)

5) Deixe o seu polegar subir pelo braço da guitarra e relaxe o seu pulso, de modo que os seus dedos não-utilizados se espalhem levemente.

6) Usando o seu 1º dedo como pivô, gire o seu pulso para longe de você e faça um bend na corda em direção ao chão, puxando-o com uma leve força.

7) Relaxe a pressão do seu pulso e mão para permitir que a corda retorne à posição original.

8) Repita quantas vezes você quiser.

Inicialmente, você não conseguirá mover a corda para muito longe, e você pode sentir dores na lateral do seu dedo. Quando isso acontecer, faça uma pausa.

Conforme você for ficando mais forte e sua pele ficar mais dura, você conseguirá mover mais a corda, e mais rapidamente. A chave aqui é sempre usar a lateral do dedo, e sempre usar um dedo como pivô sob o braço da guitarra.

Eu gosto de construir uma redundância na minha técnica, então eu passo algum tempo praticando bends muito mais do que eu realisticamente usaria. Se você conseguir trabalhar a ponto de fazer um vibrato de um tom e meio, então você está indo realmente muito bem. Quando eu toco, eu geralmente faço um semitom.

Os exemplos a seguir irão ajudá-lo a desenvolver um vibrato forte, profundo e veloz com todos os seus dedos.

Exemplo 34b: 1º dedo.

Exemplo 34c: 2º dedo.

Exemplo 34d: 3º dedo.

Exemplo 34e: 4º dedo.

* É difícil e incomum colocar o 4º dedo de lado da mesma forma que você faz com os outros dedos. Você ainda deve rolá-lo levemente, mas use os outros dedos posicionados na corda para ter força e suporte.

O vibrato é uma técnica difícil. Ele pode levar um tempo maior para ser desenvolvido do que outras técnicas deste livro. Tente passar pelo menos cinco minutos todos os dias trabalhando na profundidade, velocidade e coordenação de cada dedo.

Tente as ideias deste capítulo sobre diferentes grupos de cordas, e em diferentes posições na guitarra. O vibrato é muito mais difícil nas casas mais baixas.

Bends

Bends com a entonação perfeita são, provavelmente, a habilidade que realmente separa os profissionais dos amadores. Além de um bom ritmo, entonação perfeita é a principal prioridade que eu dou aos meus alunos quando eles começam a estudar guitarra, porque nada estraga mais um solo do que um bend fora do tom.

Mais uma vez, é essencial que nós aprendamos a fazer um bend preciso com cada dedo, e os seus dedos 2, 3 e 4 devem ser capazes de executar um bend de até *um tom e meio*.

Para fazer um bend em uma nota na guitarra, você sempre deve apoiar o dedo do bend com quaisquer dedos livres abaixo dele. Em outras palavras, se você está fazendo um bend na 7ª casa da 3ª corda com o seu 3º dedo, o seu 2º dedo (se não o seu 1º dedo junto!) também deve estar na corda, para dar força e controle.

A ideia por trás de todos os exemplos deste capítulo é tocar uma nota de referência, descer algumas casas na corda e fazer um bend perfeito, de volta à nota de referência. Trate isso como um exemplo auditivo; você está ouvindo para que a nota do bend soe exatamente como o tom de referência.

Tente os exemplos a seguir com dedos diferentes em cada bend. Tente cada linha quatro vezes. Da primeira vez, faça o bend com o seu dedo 1, então vá para o dedo 2, etc. Quando estiver na linha três, não se preocupe em fazer o bend com o seu 1º dedo.

Exemplo 35a: Bends de semitom.

Exemplo 35b: Bends de tom.

Exemplo 35c: Bends de um tom e meio.

Comece os exemplos fazendo um bend bem lento até o tom. isso lhe dará o tempo para *ouvir* se você está, de fato, no tom. Isso também desenvolve controle e força nos dedos da mão do braço.

Aumente gradualmente a velocidade na qual você alcança a nota-alvo. Se você conseguir acertá-la perfeitamente com um bend rápido e imediato, você saberá que deu certo.

Pré-Bends

Um pré-bend é, basicamente, um bend ao contrário. Você levanta a nota para o tom desejado antes de palhetar e soltar o bend. Pré-bends são escritos assim:

Para praticar essa técnica extremamente expressiva, volte para os exemplos 35a — 35c e os modifique para incluir pré-bends, desta forma:

Exemplo 35d: Pré-bends de semitom.

Faça isso com todos os dedos, sobre todas as distâncias de bends.

Bends Uníssonos

Bends uníssonos são quando você toca duas notas juntas em cordas adjacentes. Normalmente, a corda mais alta não é levantada, enquanto a nota mais baixa recebe um bend para soar igual à nota alta. Jimi Hendrix e Jimmy Page fizeram grande uso dessa técnica.

Esses bends são bem difíceis de serem executados com um trêmolo Floyd Rose e sempre estarão ligeiramente fora do tom devido à natureza desse mecanismo, mas com um pouco de vibrato, erros de entonação podem ser cobertos.

Um bend uníssono é escrito desta forma:

Exemplo 35e: Bends uníssonos.

Tente os exemplos a seguir para desenvolver o seu controle e precisão.

Exemplo 35f: Bends uníssonos ascendentes.

Bends em Double-Stops

Um double-stop é, simplesmente, o ato de tocar duas notas ao mesmo tempo. Um bend em double-stop é quando você levanta ambas as notas. Essa é uma técnica muito comum na guitarra rock e blues.

Para executar um bend em double-stop, mantenha o seu dedo da forma descrita no capítulo sobre vibrato, com a unha apontando na sua direção. Entretanto, dessa vez, faça uma mini-pestana sobre duas cordas adjacentes. Para fazer o bend, gire o seu pulso na mesma forma que no vibrato, mas faça isso apenas uma vez, lentamente, enquanto palheta ambas as cordas. Isso é mostrado no exemplo a seguir:

Exemplo 35g: Bend em double-stop

Tente esses por todo o braço da guitarra.

Preenchendo as Lacunas

Ao solarmos, é normal e desejável que nós sutilmente[6] entremos e saímos de uma frase com as técnicas descritas neste capítulo.

Lenta e confiantemente, diga 'Hey' em voz alta, falando a partir do seu tórax. Observe como o "H" leva alguns milissegundos para se formar no seu peito e garganta antes de o som sair pela sua boca. Ademais, se você estiver em um local quieto, ouça atentamente o final da nota. Ela não termina imediatamente conforme o som reverbera pela sala.

São esses fenômenos naturais que nós buscamos recriar com cada frase que criamos na guitarra. Ao fazê-lo, nós damos às nossas frases uma qualidade vocal e musical que te diferencia da maioria dos outros guitarristas.

Para entrar fluindo em uma linha, é comum fazer um slide para a primeira nota da frase. Estude essa linha do meu livro **O Sistema CAGED & 100 Licks de Guitarra Blues**.

Exemplo 36a:

O lick de blues acima, em Lá, é escrito e tocado sem qualquer decoração. Nós iremos utilizá-lo como exemplo para descrever a técnica deste capítulo, então o aprenda cuidadosamente.

Vamos abordar a primeira nota com um pequeno slide vindo de baixo. Coloque o seu dedo na *8ª* casa da corda, e faça um rápido slide para a primeira nota do lick. Eu repeti essa ideia no quarto tempo do segundo compasso, fazendo um slide para a 9ª casa no **exemplo 36b:**

---

[6] ou nem tão sutilmente!

Experimente fazendo um slide a partir de uma nota ainda mais distante, para um efeito ainda mais nítido. Por exemplo:

Exemplo 36c:

Geralmente, fazer um slide em direção a uma nota, dessa forma, é simplesmente escrito como uma linha inclinada, na primeira nota da frase.

Para imitar o eco da sala, nós podemos sair das notas no final de cada frase com um slide. Essencialmente, isso é o inverso de fazer o slide "para dentro" da nota, mas nós precisamos sair da nota corretamente. É uma técnica sutil, onde você gradualmente diminui a pressão do seu dedo na corda *durante* o slide.

O melhor jeito de praticar isso é tocar uma única nota na 12ª casa, e fazer um slide rápido em direção ao nut da guitarra. Rapidamente, você irá pegar o jeito de "matar" a nota antes de atingir a nota aberta.

A frase de exemplo agora soa desta forma:

Exemplo 36d:

Normalmente, ela soa muito bem se você inserir algum vibrato antes de fazer o slide para fora da frase:

Exemplo 36e:

Se você tiver uma alavanca de trêmolo na sua guitarra, tente fazer o slide para fora até atingir a corda aberta (não deixe o sustain ou a nota morrerem). Quando atingir a corda aberta, pressione lentamente a alavanca para uma sonoridade extremamente moderna.

Exemplo 36f:

Compare o exemplo 36f com o 36a. Ouça como o 36f soa como uma frase completamente musical.

Grace Notes de Cima

Assim como nós podemos fazer um slide para uma nota ou frase saindo de baixo, nós também podemos abordá-lo da mesma maneira, mas saindo de cima. Isso confere um tom *exaltado* e uma qualidade lírica a qualquer lick. Funciona muito bem com um slide da b5 à 4ª de uma escala blues, principalmente quando é seguido por um bend de volta para a nota inicial.

Exemplo 36g:

Essa ideia é usada com grande efeito por Steve Vai, em *For the Love of God*, do seu álbum "Passion and Warfare".

Harmônicos Naturais

Harmônicos na guitarra são um resultado de um efeito físico causado pela colocação de um *"nó"* estático na corda da guitarra, fazendo com que ela ressoe sobre duas distâncias.[7]

Existem diversas formas de gerar harmônicos na guitarra, e todas elas criam efeitos diferentes. Os principais jeitos serão detalhados aqui, mas o assunto realmente merece um livro próprio.

O primeiro mecanismo que a maioria das pessoas encontra ao tocarem harmônicos é o harmônico *natural*. Esse tipo de harmônico exige a menor manipulação da guitarra e ocorre naturalmente em pontos específicos de cada corda.

A ideia é criar um pequeno ponto na corda que fique absolutamente parado quando você a palheta. Esse ponto divide a corda em duas partes ressoantes distintas.

Começando na 12ª casa da 3ª corda, toque a corda suavemente, *diretamente sobre o traste*, com um dos dedos da mão do braço da guitarra, enquanto você palheta a corda aberta com a respectiva mão. Quando você palhetar a corda, simultaneamente levante o dedo do traste, para deixar o harmônico soar.

---

[7] Essa é uma grande simplificação, mas uma análise detalhada da física dos harmônicos está bem além do escopo deste livro.

Exemplo 37a:

O processo pode ser aplicado a notas nas casas 5 e 7, mas conforme você desce pelo braço da guitarra, fica mais difícil produzir essas notas.

Exemplo 37b:

Continue experimentando, movendo o seu dedo para baixo, em direção ao nut. Existem harmônicos na 4ª casa, na 3.9, na 3.2 e na 2.7, em ordem crescente de dificuldade para produzi-los. Se estiver com dificuldades, tente colocar um pouco de ganho ou distorção no seu amplificador.

Todas as localizações de harmônico acima são identicamente duplicadas nas 12 e 24 casas acima. Por exemplo, o harmônico da 5ª casa também pode ser tocado na 17ª ou ao local que for equivalente à 29ª casa.

Harmônicos naturais também podem ser tocados em double stops:

Exemplo 37c:

Ou podem ser tocados em sequência para criar uma melodia:

Exemplo 37d:

Um truque final é tocar um harmônico em double stop e, lentamente, afundar a alavanca de whammy. Como as cordas estão em diferentes tensões, elas diminuirão o tom em frequências diferentes, causando um excelente efeito "fora de fase" que fica ótimo com distorção.

Exemplo 37e:

Harmônicos com Tapping

Os harmônicos com tapping possuem algumas semelhanças com os harmônicos naturais, pois são criados em intervalos específicos sobre um tom fundamental. Entretanto, eles são produzidos tocando a primeira nota com a mão do braço da guitarra e, então, utilizar a mão da *palhetada* para fazer um tapping diretamente sobre o traste, em determinada distância acima da nota original. Essas distâncias são as mesmas do capítulo anterior.

No primeiro exemplo, toque a 2ª casa na 3ª corda normalmente; então, com o dedo do meio da sua mão direita, encoste rapidamente na 14ª casa da mesma corda.

Exemplo 38a:

Você pode produzir um harmônico com tapping em 5, 7, 9 ou 12 casas acima da nota originalmente palhetada:

Exemplo 38b:

Esses tappings ficam um pouco mais difíceis conforme você desce pelo braço da guitarra, mas pode ajudar se você colocar um pouco de vibrato na nota original.

Uma ótima técnica é fazer um bend na nota original *antes* de tentar o harmônico com tapping.

Exemplo 38c:

Harmônicos Artificiais

Os harmônicos artificiais (*"pinch harmonics"* ou "harmônicos de palheta") são criados artificialmente, utilizando o polegar da mão da palheta para fazer contato com a corda, *imediatamente* após palhetar a nota. Esse movimento é tão rápido que você pode considerá-lo simultâneo. Como de costume, você só consegue fazer esses harmônicos em certos locais da corda, e eles se relacionam aos "nós" da corda que nós mencionamos anteriormente. O melhor jeito de encontrar esses pontos é experimentar, movendo a sua mão direita lentamente em direção ao braço, enquanto você aplica vibrato a uma nota pressionada. Não se esqueça de usar uma boa quantidade de distorção.

Para criar um harmônico artificial com a sua mão da palheta:

Pressione sua palheta de forma que ela fique quase em um ângulo de 90 graus em relação à corda.

Coloque a unha do seu dedo indicador na corda desejada - nós iremos utilizar a 3ª corda nesse exemplo.

Empurre a palheta firmemente pela corda e tente acertá-la com a carne do seu polegar durante a palhetada.

Tente os passos acima colocando vibrato na 3ª casa da 3ª corda.

Se nenhum harmônico for gerado, movimente sua mão da palheta 1 ou 2 mm em direção ao braço da guitarra e tente novamente.

Se você estiver com sérias dificuldades em tocar o harmônico, certifique-se de que você tem dois pontos de contato enquanto você palheta: seu polegar e sua palheta. Deslizar o dedo indicador para baixo também ajuda bastante. Se você estiver apertando a 3ª casa, e tocando um modelo Strato, haverá um harmônico na metade do caminho entre o captador do braço e o do meio. Bastante vibrato na sua mão do braço da guitarra também vai ajudar.

Essa é uma técnica difícil de aprender, mas depois que você pegá-la, ela ficará para sempre com você.

É difícil encontrar duas peças musicais com notações idênticas de harmônicos artificiais; não há uma convenção quanto a isso. Normalmente, um livro musical tem um glossário de técnicas comuns e como elas são escritas. Um jeito comum é este:

Exemplo 38d:

Os números na pauta são geralmente escritos dentro de diamantes ou triângulos.

Ouça o exemplo 38e. Eu o toco duas vezes; na primeira, como está escrito, e na segunda eu deliberadamente uso harmônicos artificiais para um efeito mais *modern rock.*

Exemplo 38e:

Enquanto você toca a frase, experimente com a posição da sua mão da palheta. Mova-a para perto e para longe da ponte. Tente movê-la para frente *conforme você toca*, de modo que você consiga harmônicos artificiais em diferentes pontos durante a frase. Isso é muito divertido de experimentar, e produz alguns ótimos resultados!

O famoso "Satch Scream", de Joe Satriani, é produzido pressionando a alavanca de whammy, tocando harmônicos artificiais em double stops nas cordas 2 e 3 (abertas) e, lentamente, levantando a alavanca.

Harp Harmonics

Os *harp harmonics* possuem um som extremamente belo. Eles são criados ao tocar a corda com um dedo da *mão da palheta* assim que você palheta a corda. Eles são criados nos mesmos "nós" descritos anteriormente.

Para tocar um harp harmonic, pressione uma nota normalmente e, com a mão da palheta, alcance o braço da guitarra 12 casas acima da nota original. Segurando a palheta normalmente entre o seu polegar e seu indicador, toque suavemente a corda, 12 casas acima da nota original, com o seu dedo do meio (como em um harmônico natural), e toque a corda ao mesmo tempo com a palheta.

É um pouco estranho no começo, mas ao remover o dedo da mão da palheta, a nota deverá soar, uma oitava acima da nota original.

No exemplo abaixo, aperte a 2ª casa na 3ª corda, e traga sua palheta até a 14ª casa. Estique o seu dedo do meio e encoste-o na corda, diretamente sobre a 14ª casa, enquanto você, simultaneamente, toca a corda com a palheta.

Exemplo 38f:

Harp harmonics soam muito bem quando você os combina com acordes. No exemplo a seguir, segure um acorde de Sol Maior com pestana e toque um harp harmonic, 12 casas acima de cada nota:

Exemplo 38g:

Ângulo da Palheta, Posição e Dinâmica

Se você for assistir a uma orquestra profissional, é possível que o violinista principal esteja tocando um Stradivarius de 7 milhões de reais. O arco; apenas o bastão e o fio de crina de cavalo que eles estão usando podem custar mais de 350 mil reais.

Enquanto guitarristas, nós usamos uma peça de plástico de 1 real.

Praticamente todo som que você cria na guitarra começa com a palheta, então nós temos muito trabalho a fazer para tirar o melhor som possível de nossa palheta.

Há diversos fatores com os quais nós podemos brincar: Antes de tudo, alterar o ângulo com o qual você ataca a corda cria uma *grande* diferença no som. Tente tocar um lick de blues enquanto segura sua palheta em um ângulo de quase noventa graus em relação à corda.

No exemplo a seguir, eu toco o mesmo lick de blues três vezes. Na primeira, eu uso um ângulo "normal" de palheta. Depois, eu toco com um ângulo de 80 a 90 graus, e na terceira vez eu vario o ângulo ao longo da frase.

Exemplo 39a:

Com cordas novas e um amplificador potente, você notará uma grande diferença no seu som e articulação, e seu público realmente irá responder a isso.

Tente variar o local da palhetada. Palhetar próximo da ponte vai gerar um som mais "estalado", enquanto palhetar mais próximo do braço tornará o seu som mais quente e cheio.

Combinar uma mudança no ângulo da palhetada com uma posição de palheta em constante variação pode trazer resultados fenomenais. É um ajuste extremamente rápido para adicionar profundidade e dinâmica ao seu som.

Meu último conselho é praticar a palhetada mais do que você acha necessário. Isso irá ajudá-lo a projetar o seu som através de qualquer distorção ou efeitos no seu amplificador.

Não é uma solução padrão para tudo (já que palhetar quietamente pode ser um efeito importante), mas, na minha experiência, muitos alunos não tocam nem perto da firmeza suficiente. Eles se apoiam excessivamente na distorção para modelar seu som. Se você palhetar com mais firmeza, você enviará mais sinal ao seu amplificador. Isso significa que você pode usar menos distorção e obter o mesmo efeito, e o seu som melhorará instantaneamente.

www.ingramcontent.com/pod-product-compliance
Lightning Source LLC
Chambersburg PA
CBHW081434090426
42740CB00017B/3306